アジア教育情報シリーズ
2巻

東南アジア
編

監修
大塚　豊

編著
牧　貴愛

一藝社

編集協力及び装丁／本田いく
DTP／クリエイティブ・コンセプト

監修のことば

　2019年度にわが国の高等教育機関に学ぶ外国人留学生総数は31万2,214人であり、その内訳は大学、短大、高専、専門学校が22万8,403人、日本語教育機関で学ぶ者が8万3,811人である。2011年から2019年の間の増加率を見ると、大学、短大等が1.5倍であるのに対して、日本語教育機関在籍者の伸び率は3.27倍と際立っている。出身国別留学生数を見ると、中国12万4,436人、ベトナム7万3,389人、ネパール2万6,308人、韓国1万8,338人、台湾9,584人、スリランカ7,240人、インドネシア6,756人、ミャンマー5,383人、タイ3,847人、バングラデシュ3,527人となっている。上位10位までをアジア各国からの留学生が占めており、これらの国からの学生だけで留学生総数の89.3%に当たり、その他のアジア諸国も含めると、わが国で学ぶ留学生の94%はアジア出身なのである。将来わが国とこれらの国々とをつなぐ架け橋となりうる若者の重要性を考えるとき、われわれ日本人はアジアについて、いくら知っても知りすぎることはないであろう。国際化、グローバル化を背景として、日本に住まう外国人の増加に伴い、学校に通う外国人児童・生徒の増加が見られる昨今、日本語指導が必要な子どもが4万人を超えたと報道された。

　上記の高等教育機関に限らず、こうした児童・生徒への対応に当たる教職員や日本語指導員・語学相談員にとって、彼ら外国人児童・生徒が生まれ育った国や地域について理解し、とくに、どのような学校教育を受けて育ってきたかを知ることは異文化理解の第一歩として重要であると考えられる。

ところで、われわれはアジアと聞くと、いったいどの国を思い浮かべ、どのあたりまでをアジアと認識しているのであろうか。わが国の外務省・アジア大洋州局が関わる国や地域には、中国、韓国、オーストラリア、ニュージーランド、インド、そしてASEAN10か国（インドネシア、カンボジア、シンガポール、タイ、フィリピン、ブルネイ、ベトナム、マレーシア、ミャンマー、ラオス）の他、モンゴル、台湾、香港、マカオ、さらに同局大洋州課の所管であるサモア、ツバル、パラオなど太平洋の14の島嶼国家が含まれる。スポーツの祭典であるアジア競技大会には、これらに加えて、アフガニスタン、バーレーン、ブータン、イラン、イラク、ヨルダン、カザフスタン、クウェート、キルギス、レバノン、モルディブ、ネパール、オマーン、パキスタン、パレスチナ、カタール、サウジアラビア、スリランカ、シリア、東ティモール、タジキスタン、トルクメニスタン、アラブ首長国連邦、イエメンが参加している。百科事典の『エンサイクロペディア・ブリタニカ』では、ロシアの大部分やトルコ、アゼルバイジャン、グルジア、アルメニアなどがアジアの範疇に入っている。アジアはかくも大きく、多様性に富んだ地域なのである。国連による地理区分を見れば、アジアは中央、東、南、東南、西の各地域に分けられるが、本シリーズでは、本書の目次に掲げるとおり、アジアを広く捉えた。最も近隣の東アジアの韓国、中国はもとより、東南、中央、南アジアを含め、西はトルコ、イスラエルまでをカバーするとともに、大洋州の2か国を加えることにした。

　アジアの教育に関しては類書がないわけではない。類似の書籍との差異化を図り、本シリーズとしての特色を出すために、また、わが国の教育を見直す上でも、教育関係者や保護者にとって関心があると思われる事柄や、大学、大学院、日本語学校が外国

人留学生を受け入れる際に役立つ以下のような情報を盛り込むことに努めた。

　第一に、初等・中等教育段階での外国語教育の在り方に関して、わが国では2020年4月から全国の小学校で英語教育が必須である。しかし、導入は決まったものの教員の指導力面を中心に課題が残る現実を踏まえ、対象各国での外国語としての英語に関する教育の取り組みに光を当てた。一方、英語が母語の国については、これ以外の外国語教育の実態を明らかにすることとした。

　第二に、わが国において小学校では2018年度より、中学校では2019年度より「特別の教科　道徳」（道徳科）が始まっていることに鑑み、複数ある教科の中でも、とくに道徳教育に焦点を合わせて考察することとした。経済水準がらみの成行きと言える就学率の高低や教育施設やICT機器などの設備の充実の度合いから見た先進／後進の違いはある。しかしながら、こと倫理観や道徳心およびそれを教える道徳教育に関しては、上記の先進／後進関係がむしろ逆転していることも往々にしてある。シンガポールやマレーシア、台湾で電車に乗っていると、筆者のような老人が立っているのを見ると、進んで席を譲ってくれる若者にしばしば出くわす。中国でもかつて文革直後の時期に訪中した頃にはそうだったが、残念ながら、「現代化政策」が進む中で、あまり出会わなくなった。道徳教育とは、いたずらに愛国心を煽ったり、高邁、難解な道理を説いたりすることではなく、そうした自然な気配りができる若い世代を育てることではないかと思われて仕方がない。この面で、われわれはむしろアジア諸国から学ぶことがあるかも知れない。

　第三に、大学入試改革はわが国の教育改革のうちでも焦眉の急であり、高校教育と大学教育をつなぐ高大接続の在り方、民間

の英語資格検定試験による英語試験の代替の可否、思考力・判断力・表現力を測る記述式問題導入の可否など、何かとかまびすしい。アジアの多くの国でも大学入試は重大な関心事であり、さまざまな取り組みがなされているが、本書で取り上げた各国において、高校から大学へ、さらに場合によっては学士課程から大学院へ進学するにあたって、高校および大学での成績表をはじめ、どのような書類が選抜の過程で参照されるかにとくに着目し、また各文書の記載内容にも触れた。大学に勤務していて困ることの一つは、入学を希望する外国人学生から提出される成績表に記載された評点や評語のレベル付けが不明なことである。こうした場合のために、わが国を訪れる留学生が出身国で学習した内容の評価、具体的には中等学校や、場合によっては大学の成績表を例示し、その評点をどのように解釈すれば良いのか等を明らかにした。

　第四に、同じく外国人留学生の受け入れを考える際、彼らが自国でいかなる日本語学習の環境で過ごしてきたかも気になる。国際交流基金の調査結果によれば、2018年現在、世界の142か国・地域に1万8,604の日本語教育機関があり、7万7,128人の教師と384万6,773人の学習者がいるという。機関数の多い順に見ると、韓国、インドネシア、中国、オーストラリア、米国、台湾、ベトナム、タイ、ミャンマー、ブラジルになるという。このうち、米国、台湾で2015年時点に比べて若干の減少が見られた他は、いずれの国でも増加し、ベトナムでは3年間のうちに599か所も増えている。このような全般的情報に加えて、本書の対象各国・地域では、フォーマルな学校教育はもとより、ノンフォーマルな日本語学習塾や日本語学校の存在がどうなっているかについて知りたいところである。こうした情報は、

近年受け入れる留学生が多国籍化している日本語学校が、彼ら留学希望者を受け入れる際、出身国での学習状況等を理解する上で役立つであろう。

　以上のような編集の基本方針を立てたが、それがどれほど実現できたかについては、読者諸賢の判断に委ねるほかない。大方のご教示、ご叱正を期待したい。なお、各章の執筆にあたっては長年にわたり対象国の教育を研究してきた専門家と新進気鋭の研究者が協力した。また、モンゴル、台湾、インドネシア、ミャンマーについては、当該国・地域出身の研究者にも執筆に加わってもらった。いずれも日本人なら入手に苦労するような情報やデータが盛り込まれており、研究面での国際協力の事例として特記しておきたい。

　最後になったが、本シリーズの刊行にあたり、世の中の厳しい出版事情にもかかわらず、企画に賛同くださり、とりわけコロナ禍の下の厳しい状況下でも、当初の刊行工程に即して速やかな刊行実現にご協力いただいている株式会社一藝社の小野道子社長はじめ同社のスタッフ各位に敬意と謝意を表したい。

　2020 年 晩秋

監修者　大塚　豊

9 ミャンマー

未来に向けた改革の教訓……137

はじめに
第1節　教育制度
第2節　外国語教育
第3節　道徳教育
第4節　基礎教育から高等教育への進学にかかる
　　　　教育評価
第5節　日本語教育
おわりに

あとがき………152
索引…………156

監修者紹介……159
編著者紹介……159
執筆者紹介……160

⊡ インドネシア

高まる教育熱とグローバル世界を生きる
人格形成の中核としての「信仰」

国立小学校の校庭で遊ぶ小学生たち（2018 年 9 月 19 日筆者撮影）

インドネシアの国旗が掲揚される国立一般高校の正面玄関の風景
（2018 年 9 月 19 日筆者撮影）

▼ はじめに

　インドネシアの早朝。町中には子どもたちをバイクの後ろや自動車に乗せた父親や母親の姿が行き交う。学校への子どもの送迎はごく普通の風景である。学区のしばりが緩いインドネシアでは、評判の良い学校を求めて小・中学生でも徒歩圏外の学校へ通うことも多い。渋滞が深刻なジャカルタでは、早朝4時に子どもを乗せて郊外の家を出発し、6時過ぎに都心の小学校に到着する。車のなかには子どもが仮眠するための毛布が常備されている。学校教育が普及し、都市部では受験競争が過熱している。町の通りには「ガネーシャ・オペレーション」や「プリマガマ」など、大手学習塾の看板もみられるようになった。英語やスイミング、ピアノやバイオリンなどの習い事をする子どもたちも増えている。

　世界がグローバル化し、多様な価値観が混淆して異文化接触が増えるなか、インドネシアでは子どもたちの人格形成の中核に「信仰」がおかれる。インドネシア国民は「信仰する国民」で、信仰のない国民は原則として存在しない。国民の9割近くがイスラーム教徒（以下、ムスリム）であるが、プロテスタント、カトリック、ヒンドゥ、仏教、儒教も国の公認宗教とされ、学校で必修教科とされる「宗教人格教育」の授業においても、それぞれの信仰が尊重される。また、「多様性のなかの統一」（ビネカ・トゥンガル・イカ）が国家のスローガンとされ、国民統合がはかられている。国民統合の重要性は、インドネシアが世界第4位の人口約2.67億人（2018年）と日本の約5倍の国土を有し、民族が200を超える、およそ1万7,000の島々からなる国家であることからも推し量られる。グローバルな世界とロー

カルな世界、近代と伝統、多様性に向かうエネルギーと統合に向けて収斂するエネルギーが混在する国がインドネシアである。

第1節　学校教育制度の構造と特徴

　インドネシアの学校教育制度は6-3-3制をとっており、初等教育と前期中等教育を合わせた9年間を基礎教育とし、この期間を義務教育と位置づけている。教育文化大臣令2016年第19号において、後期中等教育も義務教育に含む12年制義務教育が謳われているが、その施行は一部地域に留まる。また、教育文化省管轄の一般学校のほか、宗教省管轄のイスラーム学校があり、二元的な教育制度となっている。

　2019年の純就学率は、初等教育97.6%、前期中等教育79.4%、後期中等教育60.8%であり、それぞれ91.1%、68.4%、48.1%であった2011年のそれと比べると着実に上昇している（Badan Pusat Statistik Website）。なお、この純就学率には、オルタナティブ・スクールや、コミュニティに開かれた「地域住民学習施設」（PKBM）など、多様なインフォーマル教育施設において、「パケット」とよばれる同等性教育（各教育段階の教育を受けたということでフォーマル教育修了と同等とみなされる制度）を利用する子どもたちが含まれる。「パケット」には、A（初等教育）、B（前期中等教育）、C（後期中等教育）があり、フレキシブルな形態で学習ができ、国家最終試験（以下、最終試験）に合格すれば履修した教育段階の修了認定が得られる。国際ケンブリッジや国際バカロレア等、海外のカリキュラムを採用して国際修了資格を取得できる学校のなかには、国内の修了資格を得るために並行してこのパケッ

トを導入しているところもある。

　近年のインドネシアの特徴として、職業教育の充実もあげられる。後期中等教育段階には、教育文化省が管轄する職業高校のほか、宗教省が管轄する職業イスラーム高校もある。また、すべての教育段階でアントレプレナー教育（起業家教育）も行われるようになっている。

　高等教育は、一般高等教育機関を教育文化省[1)]が、イスラーム高等教育機関を宗教省が管轄するほか、他省庁が管轄する高等教育機関もある。統計によると、2018年の総就学率は34.6％であり、2014年の29.2％から上昇している（Kementerian Riset, Teknologi, dan Pendidikan Tinggi 2018）。教育文化省の他、宗教省や他省庁が管轄する高等教育機関も含めた総高等教育機関数は4,670校である。また、インドネシアの高等教育機関は私立の割合が高い。たとえば、一般高等教育機関の場合、国立122校に対し私立は3,171校である。2012年制定の高等教育法では、高等教育機関を、大学、インスティテュート、カレッジ（単科大学）、ポリテクニック、アカデミー、コミュニティ・アカデミーに分類している。コミュニティ・アカデミーは同法以降の新たな類型で、地域の卓越性を有する、または地域の特別な需要を満たし、1〜2年間の職業教育を提供する高等教育機関とされる。同法ではまた、高等教育機関で提供される教育を、学術教育、職業教育、専門教育に類別し、学術教育のほか、職業教育・専門教育の充実と制度化を進めるための指針を示している。

▼▼▼ 第2節　初等・中等教育における外国語教育

　初等・中等教育の外国語教育をみると、最も新しい2013年カリキュラムよりも、一つ前の2006年カリキュラムの方が外国語教育に力点がおかれている。このことは近年、多くの東南アジア諸国で進行している外国語、特に英語重視の方向と逆行しているようにもみえる。

　初等教育における英語教育の変遷をたどると、植民地期は別として、その始まりは1994年カリキュラムである。同カリキュラムでは、「地域科」という地域裁量の教科のなかで地方政府の承認を得て4年生から教えてもよいことになった。つまり、英語教育の有無は地域の裁量で決められたために必修ではなかった（Djojonegoro 1996 Zein 2017:2, Kebijakan Depdikbud No. 0487/1992）。

　その後、英語教育は2006年カリキュラムで強化され、「必修の地域科」（地域裁量教科のなかの必修）として全学年で教えられるようになった（Peraturan Menteri Pendidikan Nasional No. 22 tahun 2006）。このように、初等教育の英語教育が、「外国語」「英語」教科としてではなく「地域科」に、さらに「地域科」のなかの必修教科に位置づけられた点がインドネシアの特徴である。

　しかしその後、初等教育の英語教育は2013年カリキュラムにおいて、地域裁量教科として教えられる必修の内容ではなくなった（Zein 2016:1）。この理由を考えてみると、インドネシアならではの事情があるように思われる。それは、幼少期に複数の言語を習得する負担の大きさである。前述したように、インドネシアは多民族国家であり、インドネシア語が国民の共通言語（学校での教授

言語は原則としてインドネシア語）だが、地方語とよばれる700を超える民族言語があり、それらの民族言語の多くは、現在も人々の日常生活のなかの生きた言語である。そして、これらの民族言語は、前述した地域裁量教科のなかで「地方語」として教えられることが多い。加えて、ムスリムは、アラビア語で書かれた啓典クルアーンを読誦するために、地域のモスクが主宰するクルアーン学習教室に通い、幼少期からアラビア語を学習する。宗教省が管轄するイスラーム小学校にあってアラビア語重視はなおさらである。このように、子どもたちは幼少期から多言語を学習する環境のなかで育つのであり、このことが初等教育の英語教育に影響を与えているであろうことは想像に難くない。

　次に、前期中等教育では、概ね各学年で週に4時間、英語が教えられる。後期中等教育においても、共通必修教科としての英語は、概ね週に4時間である。しかし、後期中等教育の場合、理系・社会系・言語系といったコースの類型やコース分けの時期により、総時間数は異なる（Djojonegoro 1996, Somantrie 2010）。

　後期中等教育においては、英語以外の外国語（以下、第二外国語）の位置づけが特徴的である。第二外国語は、2006年カリキュラムで必修教科となった。選択できる言語には変遷があるが、2006年カリキュラムでは、ドイツ語、日本語、アラビア語、フランス語、マンダリンであった。ちなみに、アラビア語は、最も広く教えられている第二外国語であるが、これはイスラーム小・中・高校でアラビア語が必修教科だからであろう。そして、日本語はアラビア語に次いで学習者の多い第二外国語であった。

　しかしその後、第二外国語は2013年カリキュラムでは言語コースを選択した生徒のみ必修となり、理系コースや社会系コースを

選択した生徒にとって必修教科ではなくなった。このように必修と
しての位置づけが限定されたものの、選択できる言語として韓国
語が加えられた。

▼▼▼ 第3節　道徳教育

　初等教育6年間と前期中等教育3年間を合わせた基礎教育
の目的は、以下の4つの資質（精神性・知性・身体性・社会性）をも
つ人間の育成を目指すものとされる（Kementerian Pendidikan
dan Kebudayaan 2013:1-2）。

　① 神に対する信仰をもち、高貴な道徳性を有し、豊かな
　　　個性をもつ人間
　② 知識を有し、明晰で、批判的、創造的、革新的な人間
　③ 健康な心身をもち、自立性と自尊心をもつ人間
　④ 寛容で社会性に富み、民主的で責任感のある人間

インドネシアではパンチャシラとよばれる国家5原則において、
神への信仰が第一の原則とされている。そのため、基礎教育の
目的のなかで最も重視されるのは信仰深い国民を育てることで
ある。すべての教育段階で必修教科となっている「宗教人格教
育」は、この第一の資質を形成する教科として位置づけられる。
そして、第四の資質を形成する教科として位置づけられるのが、
同様にすべての教育段階で必修教科となっている「パンチャシラ・
公民教育」である。道徳教育の根幹はこの2つの教科にあると
いえる。

　表1は2013年カリキュラム（初等教育）を示している。同カリキュ
ラム[2]は、コミュニケーション力、読解力、考える力などPISAの影

表1. 2013年カリキュラム（初等教育）

教科		学年					
		1	2	3	4	5	6
A 教科群							
1	宗教人格教育	4	4	4	4	4	4
2	パンチャシラ・公民教育	5	5	6	4	4	4
3	インドネシア語	8	9	10	7	7	7
4	数学	5	6	6	6	6	6
5	理科	-	-	-	3	3	3
6	社会科	-	-	-	3	3	3
B 教科群							
1	文化芸術・工芸	4	4	4	5	5	5
2	保健体育	4	4	4	4	4	4
週当たり時間数		30	32	34	36	36	36

注）1時限は35分。
出所 :Kementerian Pendidikan dan Kebudayaan 2013:2-4.

響を受けた21世紀型学力の形成を目指したもので、学習者中心のカリキュラムとされる。加えて、統合アプローチ（インドネシア語ではテーマ型（tematik）あるいは統合型（integrate）と表現される）が導入されており、1年生から3年生までは理科と社会科の内容を、「パンチャシラ・公民教育」、「インドネシア語」、「数学」、「保健体育」などの教科のなかに統合するものとされる。4年生から6年生までは理科と社会科を教科として設けつつ、学習においては共通のテーマを設けて他の教科とともに統合して教えることが奨励される。また、地域の民族言語や伝統芸能など、これまで「地域科」で教えられていた内容は、B教科群の「文化芸術・工芸」に統合され、身体活動や地方の遊びなどに関する内容は、B教科群の「保健体育」に統合された。なお、A教科群の内容は中央政府が決定するが、B教科群については中央政府が決定した内容に加え、地方政府が地域独自の内容を加えることができる。

　道徳教育の内容を含む「宗教人格教育」および「パンチャシラ・公民教育」は必修教科のなかでも重要教科に位置づけられ、時

間数も前者は週4時間、後者は週4時間から6時間が割り当てられている。この2つの教科は国民形成のための車の両輪にたとえられる。インドネシアの宗教教育は宗派教育であり、生徒の信仰に分かれて授業が行われ、その目的はよき信徒の形成にある。一方、「パンチャシラ・公民教育」は、市民性教育に近い内容で、国民としての義務・権利のほか、道徳ある国民の育成が目指される。どちらも人格形成の目的を担っている。

◆ 第4節　大学の入学者選抜と成績評価

インドネシアでは、各教育段階の終わりに最終試験が行われ、それに合格することで修了が認められる。最終試験の結果は高校3年生にとって重要である。なぜならば、この成績によって卒業の可否が決まるだけでなく、大学入学者選抜にもその成績が使われるためである。

一般的に高校生は私立大学よりも国立大学への進学を希望する。国立大学の方が教育の質が高いと考えられ、教育費も安いためである。有名私立大学は別として、概して私立大学は国立大学に入れなかった場合の選択肢となっている。一方で、キリスト教系の私立高校に通う華人系の生徒のなかには、最初から同じ系列の有名私立大学を選択する傾向もみられる。

前述したように、インドネシアの高校にも、日本でいう文系・理系といったコース分けがあり、時代によって類型やコース分けが始まる学年に違いがみられる。一般的には理系コース、社会系コース、さらに学校によって言語コース、宗教コース（主としてイスラーム高校）がある。このなかで生徒に一番人気があるのは理系コースで

21

ある。そして、理系コースを選択した高校3年生が志望する大学の専攻の上位に位置づけられるのが医学（医学部）である。

　国立大学の入試には推薦入試、筆記入試、大学独自入試の3つの種類がある。デジタル化が急速に進むインドネシアでは2013年以降、入試の手続きがすべてオンラインで実施されている。ここで2020年の例をみてみよう。まず、推薦入試は、学業成績（日本でいう内申書）にもとづく書類審査によって選抜が行われる。手順は、各高校が学校の基本情報、生徒の基本情報、全学期分の生徒の成績を入力し（1月〜2月）、生徒は学校が入力した情報を確認し、追加情報や志望する大学・専攻を入力する（2月下旬）。次に、生徒は高校卒業のための最終試験を受験する（4月中旬）。推薦入試の合否は最終試験の結果が出る前に発表される（4月上旬）。なお、推薦入試には、優秀であるが経済的に貧しい家庭の生徒のための特別枠が設けられている。

　次に、筆記入試をみてみよう。まず生徒は入学試験センターに登録し（2〜4月）、筆記入試を申し込み（3月〜4月）、筆記試験を受験する（4月下旬）。筆記入試の結果発表は5月である。その後、生徒は志望大学・専攻の申請をし（6月上旬）、合否発表となる（6月下旬）。2019年の筆記入試では、一日目に基礎能力試験TPA（Tes Potensi Akademik）と一般基礎科目（インドネシア語・英語・基礎数学の3科目）、二日目に選択科目の試験が行われたが、2020年の筆記入試では基礎能力試験TPS（Tes Potensi Skolastik）と選択科目試験（Tes Kompetensi Akademik）を1日で実施した。選択科目は理系型、社会系型、混合型によって異なる。ちなみに試験の採点方式は正解4点、不正解マイナス1点、無回答0点である。なお、推薦入試と同様、経済的に貧しい家庭の生

徒のための特別枠が設けられている。

　最後に、大学独自入試は、推薦入試、筆記入試に続いて行われる。この入試に定員の何割を当てるかは各大学に任されているものの、大枠は決められている。例えば2020年の場合、推薦入試は入学定員の最低2割、筆記入試は最低5割、大学独自入試は最大3割とされている。したがって、推薦入試と筆記入試で10割を満たすように設定した大学は、大学独自入試を行わない。

　次に、大学入試で重要な資料となる学校の成績表をみておきたい。例にとりあげるのは、2013年カリキュラムを適用している高校で社会系コースを選択した高校2年生の1学期の成績表である（図1参照）。成績表には、学校名、住所、生徒氏名、生徒番号・国家生徒番号、学年、学期、年度、担任氏名、教員番号、記載日が基本情報として記載されている。成績は、①知識と②技能の2つの側面でそれぞれ評価される。図の左側が知識に関する成績、右側が技能に関する成績で、評価に関わる部分の書式は全く同じである。成績は、教科ごとに評価点（100点満点）と評価（A・B・C・D）、評価に関する所見が記載される。知識と技能ともに、評価は絶対評価で、A（90点以上）、B（80点〜90点未満）、C（70点〜80点未満）、D（70点未満）となっており、合格基準は70点である。評価にあたって教科は、A教科群（一般）、B教科群（一般）、C教科群（コース）に分けられている。具体的には、A教科群（一般）は「宗教人格教育」、「パンチャシラ・公民教育」、「インドネシア語」、「数学（一般）」、「インドネシア史」、「英語」、B教科群（一般）は「文化芸術・工芸」、「保健体育」、「図画工作・アントレプレナー」、「地域科・地方語」、C教科群（コース）は「地理学」、「歴史」、「社会学」、「経済」、「生物」である。所見欄には国家カリキュ

図1. 高校2年生1学期の成績表（2013年カリキュラム適用、社会系コース）

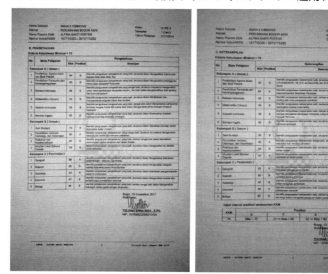

出所：筆者知人提供

ラムで設定されたコンピテンシーの内容が記載されている。たとえ
ば、「宗教人格教育」の所見をみると、知識では「充分な知識を
習得し、特に啓典に対する信仰の意味を分析することができる」、
技能では「充分な技能を習得し、特にクルアーンの章句（第5章「食
卓章」第46節、第4章「婦人章」第59節、第9章「悔悟章」第105節）を
よどみなく暗唱できる」と書かれている。

▼▼▼ 第5節　日本語教育

　インドネシアの日本語教育は、学校の必修教科として導入され
た日本占領期（1942-1945）にさかのぼる（Djojonegoro 1996:37-
40）。その後、独立後に教えられるようになったのは、後期中等教

育で日本語が第二外国語の選択科目となった1962年カリキュラム以降である。このことは同時に、高等教育における日本語教育の発展に寄与し（平林 1983）、1960年代前半には国立マナド教育大学と国立パジャジャラン大学に日本語教員養成の場として最初の日本語・日本語教育学科が創設された（Japan Foundation 1987）。

　図2は1975年から2018年までの日本語教育機関数と教師数を示したものである。特に2006年以降、機関数と教師数が増加しているのは、前述したように2006年カリキュラムにおいて後期中等教育の必修教科として日本語が第二外国語の選択肢の一つになったことが背景にある。学習者数をみると、54,016人（1998）、85,221人（2003）、272,719人（2006）、716,353人（2009）、872,411人（2012）と著しい増加傾向がみられる。この時期、後期中等教育段階の学習者数が全体の94.5％を占めており、インドネシアの日本語教育に大きく寄与していることがわかる（国際交流基金ウェブサイト）。

　高等教育においても、日本語・日本文学科、日本研究学科、日本語教育学科及び大学院の日本研究科において、日本語が専攻科目あるいは主要科目として学習されている。2017年度の統計によれば、学部レベルの日本語教育学科・プログラムをもつ大学は11校、日本研究、日本文学等の専攻をもつ大学は約40校である。この他、一般教養科目として理系学部等でも日本語は教えられている（国際交流基金ウェブサイト）。加えて、私塾（日本でいうところの各種学校には相当しない小規模教育施設）に近い日本語学校もある。これらの学校のなかには、日本の日本語学校と連携し、卒業生を日本留学させるルートをもっているところもある。さらに近年、

図2. インドネシアにおける日本語教育機関数・教師数の推移

■ 機関数　■ 教師数

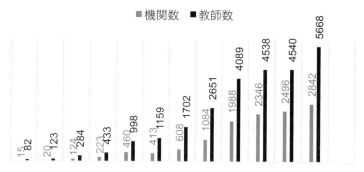

1975 1981 1987 1992 1995 1998 2003 2006 2009 2012 2015 2018

出所：国際交流基金ウェブサイトをもとに筆者作成

研修生として日本での就労を希望する人たちのために、日本語教育を提供する機関も増加している。

 **おわりに**

　20世紀終わりの民主化への政治体制の移行と、グローバル化の潮流、そしてインドネシアを含むASEAN地域の経済発展を受け、インドネシアの教育は大胆な変革の波のなかにある。一方で、信仰を国家の中核に置き、安易な英語至上主義への慎重な姿勢など、西洋的なグローバリゼーションとは一線を画す挑戦的な取り組みがみられる。大国であるがゆえの地域間格差や国民統合の難しさはあるものの、インドネシアの宝ともいえる民族・言語・宗教・文化の多様性の調和のために、柔軟な教育が営まれている。

【注】

1) 2019年に発足した第二期ジョコ・ウィドド政権の組閣により、「研究・技術・高等教育省」は「研究・技術省」となり、高等教育の管轄は再び教育文化省に戻された（教育文化省に関する大統領令2019年82号）。

2) 2013年カリキュラムを評価する教育者や研究者は多かったが、現場に導入するには教師の高度な力量が不可欠であった。結局、現場が混乱したために全国一斉の実施は見送られ、現在も導入可能な学校のみ2013年カリキュラムが導入され、それ以外の学校では2006年カリキュラムが使用されている。

【引用・参考文献・参考ウェブサイトの最終閲覧日はすべて 2019 年 12 月 28 日】

1. 国際交流基金ウェブサイト「日本語教育国・地域別情報」（インドネシア）、「海外日本語教育機関調査」（1974 〜 2018 年度）（https://www.jpf.go.jp）

2. 平林輝雄「インドネシアの教員養成大学における日本語教育 - 国立メナド教育大学の場合」『日本語教育』（51）、1983 年、131-142 頁。

3. Badan Pusat Statistik（https://www.bps.go.id）

4. Djojonegoro, W.,*Lima Puluh tahun Perkembangan Pendidikan Indonesia*, Departemen Pendidikan dan Kebudayaan,1996.

5. Japan Foundation, *Japanese Studies in Southeast Asia,*1987.

6. Kementerian Pendidikan dan Kebudayaan, *KURIKULUM 2013 Kompetensi Dasar Sekolah Dasar (SD) & Madrasah Ibtidaiyah (MI)*, 2013.

7. Kementerian Riset, Teknologi, dan Pendidikan Tinggi, *Statistik Pendidikan Tinggi 2018*, 2018.

8. Somantrie, H., *Perkembangan Kurikulum Sekolah Menengah Atas di Indonesia*, Kementerian Pendidikan Nasional, 2010.

9. Zein, M. S., "Pre-service education for primary school English teachers in Indonesia: Policy implications". *Asia Pacific Journal of Education*, 36（1）, 2016, pp. 119-134.

10. Zein, M. S., "Elementary English education in Indonesia: Policy developments, current practices, and future prospects: How has Indonesia coped with the demand for teaching English in schools?". *English Today*, 33（1）,2017, pp. 53-59.

この他、政令は Kebijakan Depdikbud No. 0487/1992, Peraturan Menteri Pendidikan Nasional No. 22 tahun 2006 など。

② タイ
伝統と革新の調和をめざす王国

教室の正面には民族・宗教・国王（ラック・タイ）の写真が掲げられる。（2019 年 8 月 15 日　調査先の副校長提供）

大学附属校に学ぶ子どもたちの発案による全天候対応型の自動洗濯物干しの模型（2018 年 9 月 11 日　筆者撮影）

▽▽▽ はじめに

　タイの学校を訪れて「こんにちは」と挨拶をすると、何の躊躇もなく「コンニチワ」と返答が返ってくる。また、街中では「スゴーイ（すごい）」「カワイー（可愛い）」「オイシー（美味しい）」とタイ語で書かれた日本語を目にする。筆者が初めてタイを訪れた二十数年前に比べると、日本語は深く浸透している。タイの在留邦人数は7万5,647人（世界第4位、H30.10.1現在）であり、日系企業数は8,890社にのぼる（JETRO）。2016年、日本とタイは修好130年を迎え、両国の交流は600年以上にわたる。

　タイを訪れる人は皆、煌びやかな仏教寺院建築に目を奪われる。人口の9割以上が上座部仏教徒であるタイでは、仏教は学校教育と強く結びついている。他方で、IMD（スイス国際経営開発研究所）の世界競争力やPISA（OECD生徒の学習到達度調査）のランキングに敏感であり、英語を教授言語とするイングリッシュ・プログラム（通称EP）と呼ばれる特別教育課程の設置やSTEM教育を積極的に推進しており、学校教育はタイの伝統とグローバルな革新的取り組みが入り交じるハイブリッドな特徴を有している。これは、タイ人が伝統文化を損なうことなく、外国モデルを巧みに取り入れることに成功した例を引いて「優秀な『文化借用者』」（ワトソン1993:92〜93）と評されてきたこととも合致する。

　近年「タイランド4.0」という将来ビジョンが示された。これは、デジタルテクノロジーの進展によるAI時代の到来を見据えて、少数精鋭の高度専門職によるイノベーション主導型の経済社会を目指すというものである。この一環として、近年、日本の国立高等専

図1. タイの学校系統図

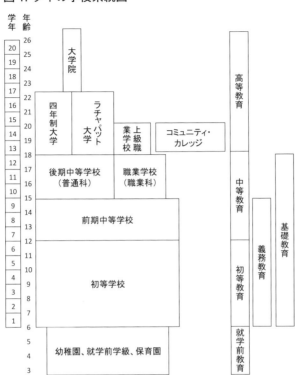

出所：文部科学省『世界の学校体系』（ぎょうせい、2017年）をもとに筆者作成

門学校の教育モデル（KOSEN）が導入、運用され始めている（下田 2020）。

第1節　学校教育制度の構造と特徴

　日本の「教育基本法」に相当する「国家教育法（1999年版）」によれば、タイの教育制度には「フォーマルな教育（定型的教育、いわゆる学校教育）」に加えて「ノンフォーマル教育（非定型的教

育）」と「インフォーマル教育（無定型的教育）」の3つの形態がある。ここでは学校教育に焦点を合わせる。

　現行のタイの学校教育制度（図1）は、日本と同じ6−3−3の単線型を採っている。9年間の義務教育を経て、後期中等教育課程（高校）から、普通科と職業科に分かれる。多くの生徒は普通科を志望し、その後、大学へと進学する。職業科には、3年間の後期中等教育課程、その上級学校として2年間の上級職業教育課程があり、準学士レベルの修了証の取得が可能である。その後、工学系の大学への進学をめざす者もいる。

　タイの初等・中等学校は国立、私立に加えて自治体立があり、国立と私立は教育省が管轄し、自治体立は内務省が管轄している。2013年から2017年までの学齢期児童（3〜17歳）の総人口に占める就学者の割合は96％前後で推移しており、概ね、基礎教育は普遍化している（OEC 2019）。

　高等教育機関は全156機関、国立大学84機関、私立大学72機関である（新原、2018）。内訳は、伝統的な四年制大学、旧師範学校にルーツをもつラチャパット大学、主として準学士課程を提供するコミュニティ・カレッジの他、ラチャモンコン工科大学、無試験で入学できる公開大学がある。近年、労働人口の学歴差は高校入学から大学入学の時点へと変化しており（ラッタピパット2012）、タイは「ヨコ」学歴社会を迎えている。

表1. 2008年基礎教育コア・カリキュラムの授業時数

教育段階・学年 学習グループ・活動	初等教育段階 1	2	3	4	5	6	前期中等教育段階 1	2	3	後期中等教育段階 4～6
●学習グループ										
タイ語	200	200	200	200	160	160	120 (3単位)	120 (3単位)	120 (3単位)	240 (6単位)
数学	200	200	200	200	160	160	120 (3単位)	120 (3単位)	120 (3単位)	240 (6単位)
理科	80	80	80	80	80	80	120 (3単位)	120 (3単位)	120 (3単位)	240 (6単位)
社会科・宗教・文化	120	120	120	120	120	120	160 (4単位)	160 (4単位)	160 (4単位)	320 (8単位)
保健・体育	80	80	80	80	80	80	80 (2単位)	80 (2単位)	80 (2単位)	120 (3単位)
芸術	80	80	80	80	80	80	80 (2単位)	80 (2単位)	80 (2単位)	120 (3単位)
職業・テクノロジー	40	40	40	80	80	80	80 (2単位)	80 (2単位)	80 (2単位)	120 (3単位)
外国語	40	40	40	80	80	80	120 (3単位)	120 (3単位)	120 (3単位)	240 (6単位)
学習グループの 総授業時数（基礎レベル）	840	840	840	840	840	840	880 (22単位)	880 (22単位)	880 (22単位)	1,640 (41単位)
●学習者開発活動	120	120	120	120	120	120	120	120	120	360
●学校の特色に応じて開設する科目/活動	年間40時間未満						年間200時間未満			年間1,600時間以上
総授業時数	年間1,000時間未満						年間1,200時間未満			3年間で 3,600時間以上

出所：タイ教育省『仏暦2551（西暦2008）年基礎教育コア・カリキュラム』タイ語版ならびに英語版をもとに筆者作成

第2節　初等・中等教育における外国語教育

　タイの初等・中等教育課程は教育省が定める『仏暦2551（西暦2008）年基礎教育コア・カリキュラム』に沿うかたちで、学校が各々の地域の状況を加味して教育課程を編成する「学校別カリキュラム」の形態を採っている。「基礎教育コア・カリキュラム」が定める学習グループ（教科に相当）と活動（教科外に相当）、授業時数を示したものが表1である。

　タイにおける外国語教育は、英語を第一外国語として、学校によっては日本語、中国語、韓国語、ドイツ語、フランス語などを開設しており、これらを第二外国語として学習することができる。第一外国語である英語は、初等教育段階から必修科目となっている。ちなみに、タイにおける英語教育の歴史は、タイが近代化を始めた、日本の明治時代頃まで遡ることができ、以降、継続的に教え学ばれている外国語である。英語教育の目的や内容は、従来の文法や読み書きからコミュニケーション・ツールとしての英語へと力点が変わってきている。一昔前、英語で会話ができるのは一部のエリート層に限られていたが、近年では、日常会話で、英語を用いることのできる場面が増えてきている。

　冒頭で紹介した英語を教授言語とするイングリッシュ・プログラムでは、外国人教員により、タイ語、タイ文化等に関わる内容以外、全て、英語を教授言語として教え学ばれている。授業料は、学校により異なるが、概ね、国立の場合、一学期あたり3万5,000バーツ（約13万円）、自治体立の場合は、教科書代のみ3,500バーツ（約1万3,000円）といった学校もあれば、9,900バーツ（約3万6,000円）

から1万5,000バーツ(約5万5,000円)まであり、国立に比べると総じて安価である。これは、首長の方針で、広く自治体に住む子ども達への教育機会の拡充を図るため自治体が特別に予算を配して支援していることによる。イングリッシュ・プログラムで用いられている教科書は、タイ国内で作成しているものもあれば、海外から取り寄せているものもある。外国人教員は、ネイティブ志向の強い保護者の多い学校では欧米人が雇用されており、リンガフランカ(共通語)と捉える学校ではフィリピン人、アフリカ諸国にルーツをもつ外国人が雇用されている。外国人教員の中には「品行の手本」としての所作を求められるタイの伝統的教師像などの学校文化(規範)との摩擦を抱えている者もみられるが、タイ人教員の世代交代が進みつつあり「ワールドクラス」の英語教育の展開が期待されている。

第3節　道徳教育

　タイにおける近代的な学校教育の普及・拡大は、仏教寺院を教場として、仏教僧を教員として活用することにより進められた(村田 2007)。今日、寺院を意味する「ワット」を冠する学校名や仏教寺院の隣に学校が建っている光景はその名残であり、仏教と学校教育が今日も密接に結びついていることを示している。

　タイの学校教育における道徳教育は、教科と教科外の双方に盛り込まれているが、主に、教科外の学習者開発活動(日本の特別活動に相当)の一環として行われており、評定は合格、不合格の二択である。学習者開発活動の一環として行われる道徳教育では、一般に、仏教僧を学校に招いて講話を聞いたり、仏教寺院

表 2. 道徳教育に関する内容項目（規準）

　　規準 1.1　仏教、自らが信仰する宗教または他の宗教の歴史、重要性、教義について理解し、善き信仰心を持ち、平和的共生に資する道徳を信奉し、遵守する。

　　規準 1.2　敬虔な教徒としての理解、自覚、所作ならびに仏教または自らが信仰する宗教を遵守、促進する。

　　規準 2.1　善き市民の義務について理解し、その理解に基づき行動する。また、善き価値観を持つとともにタイの伝統や文化を保持し、タイ社会や世界の中で平和に生活する。

　　規準 2.2　今日の政治・行政制度について理解するとともに、国王を元首とする民主主義政体の信奉・維持を支持する。

出所：　タイ教育省『仏暦 2551（西暦 2008）年基礎教育コア・カリキュラム』
　　　　タイ語版ならびに英語版を筆者訳出

での宿泊研修を行ったりしている。

　教科としては「社会科・宗教・文化」学習グループの内容項目（①宗教・道徳・倫理、②市民の義務・文化・生き方、③経済、④歴史、⑤地理）のうち、①と②が道徳教育に関連する内容である。内容項目の規準を訳出して示したものである（表2）。

　タイの道徳教育は、グローバル化を背景として、異なる宗教に対する理解を促しつつも「善き市民」として、タイの伝統や文化の保持や国王を元首とする民主主義の支持を目指している。そこに生じる矛盾や葛藤といかに向き合うか。これこそがタイ人の柔軟性の源泉かもしれない。

図2. タイの高校の成績証明書（サンプル）

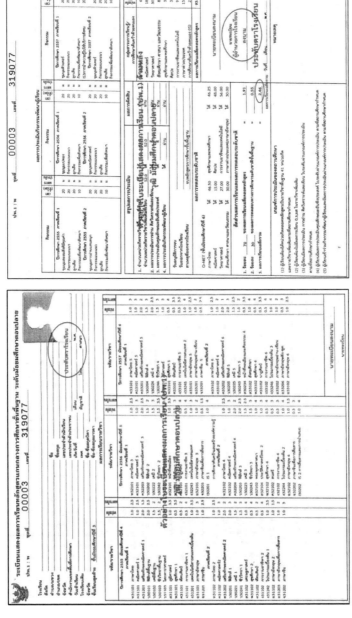

出所：タイ空軍士官学校 http://www.atts.ac.th/home/ (2019年12月25日閲覧)

第4節　大学・大学院の入学者選抜と　成績評価

　タイの大学入試制度は、長年、受験者の家庭の経済力に左右されるという問題を抱えてきた。2018年入学者対象の大学入試からこの問題の解決を図るべく制度改革が行われた。新しい大学入試制度の特徴は、年に5回、種類の異なる入試が行われるところにある（新原 2018）。5つの入試形態は、①日本のAO入試のイメージに近いポートフォリオと口述試験、②スポーツ推薦やクオータ制の特別入試、③従来の統一試験、④高校の成績（GPA）、全国的な学力調査（O-NET）、大学進学適性試験（GAT）、専門性適性試験（PAT）の各種スコアの総合評価、⑤大学ごとの個別入試、である。特別入試や従来の統一試験、GPA、O-NET、GAT、PATなどの各種試験の詳細は新原（2018）、牧（2016）に詳しい。

　ここでは、高校の成績評価について、成績表のサンプル（図2）を示しながら紹介しておこう。タイの高校の成績証明書は2頁からなり、表面には生徒の顔写真、その下には、生徒の生年月日、国籍、父親、母親の氏名を記載する欄が設けられている。左欄には就学先の高校名、高校の所在地、入学年月日等が記載されている。そして、下欄には、高校3年間、全6学期に履修した科目と成績（4点満点のGPA）が記載されている。左から順に科目番号、科目名、単位数、GPAが記載されている。

　裏面の一段目は「学習者開発活動」欄であり、クラブ活動、社会奉仕、ボーイスカウト・ガールスカウト活動やキャリア・ガイダンスなどの時間数と合否のみが記載されている。二段目の右欄には、

高校三年間の教科ごとの単位数とGPA、GPAの平均値が記載されている。左欄には、全国的な学力調査（O-NET）のスコアが記載されている。これらのスコアが、先述した④の入試時に用いられる。

　各科目の成績評価は規準を用いた絶対評価で行われている。厳密には、学校や学習グループ（教科）ごとに異なるが、例を挙げると、出席と授業への参加10%、課題への取り組み30%、小テスト20%、中間試験20%、期末試験20%という配分がなされ、最終的に得られたスコアによって、80〜100点は4.0、75〜79点は3.5、70〜74点は3.0、65〜69点は2.5、60〜64点は2.0、55〜59点は1.5、50〜54点は1.0、0〜49点は0（不合格）という具合にGPAが付される。

　タイの大学院入試は、大学入試とは異なり、個別に行われており、合否の判断に用いられる書類も異なる。たとえば、カセサート大学教育学部の修士課程の受験資格は①学士課程の最終学年に在籍または学士課程を修了している、あるいは学士課程と同等の教育課程を修了していること。②英語運用能力試験のスコアが基準を満たしていること、である。入学者の選抜方法は専攻によって異なり、口述試験のみ、筆記試験（英語と専門）と口述試験の双方を課す場合がある。出願書類は、学士課程の成績証明書、博士課程の場合は、学士課程と修士課程の成績証明書に加えて、研究計画書（例えば、A4用紙、5枚以内）の提出を求める専攻もある。

　入学者選抜をみると日本の大学院に類似しているところも少なくないが、タイの大学院生には社会人が多く、たとえば、教育学部の大学院では、学校教員や学校管理職、教育省の職員、私

立学校の経営者の子息が学んでいる。そのため、大学院には、平日に運用される通常プログラムと週末のみ運用される特別プログラムがあり、有職者の多くが、週末に大学に集い講義を受けたり、研究指導を受けたりしている。

第5節　日本語教育

　タイにおける日本語教育のあゆみは、戦前に遡ることができるが、ここでは、とくに、1990年代から今日に至るまでの日本語教育をめぐる状況について紹介する。戦後、タイにおける日本語教育は、タマサート大学、チュラーロンコーン大学に日本語講座が設置されたことを皮切りに、バンコクの総合大学を中心に行われてきた（国際交流基金b）。その後、2001年の「基礎教育カリキュラム」への改訂に伴い、正式に第二外国語として位置づけられたことや、1994年から2003年までの間、タイ教育省と国際交流基金バンコク日本文化センターとの共催による「中等学校現職教員日本語教師新規養成講座（新規研修）」が開講され、毎年、約20名前後のタイ人日本語教師が巣立ったことを契機として、タイの日本語教育の重心は、高等教育から中等学校に移っている。

　中等学校（11万5,355校）に次いで多いのは、学校教育以外の民間の日本語学校（30,072校）である。そこでは、学習者の目的に応じた内容・形態で、日本語教育が提供されている。日系企業での就職を目指す場合や、日本への留学を目指す場合などが想定されており、グループレッスン、個人レッスンなどの選択肢が用意している。たとえば、元日本留学生・研修生が中心となって設立した泰日経済技術振興協会付属語学学校（通称ソー・ソー・トー）の

「タイ人のための日本語コース」では、日本語能力試験（JLTP）のN4〜N2相当を射程に入れた一般コースや短期集中コースと日本語能力試験対策、翻訳・通訳、ビジネス日本語会話、サバイバル日本語、専門性適性試験（PAT）対策の特別コースが開講されている（泰日経済技術振興協会付属語学学校）。

こうした日本語教育の普及・拡大の素地には、タイと日本の経済的、文化的な結びつきが大きく影響している。古くは、ドラえもん、一休さん、アラレちゃん、クレヨンしんちゃん、といったアニメ、近年ではコスプレや、メイドカフェ、BNK48（AKB48のタイ版）などがヒットを飛ばしている。2018年度の学習者数は、18万4,962人と中国、インドネシア、韓国、オーストラリアに次いで世界第5位である。機関数は659（世界第8位）、教師数は2,047人（世界第8位）であり、いずれも前回の調査（2015年）に比べて増加している（国際交流基金a）。ちなみに、日本語は、先述した大学入学試験に用いる専門性適性試験（PAT）の一つの科目となっており、「語彙」「漢字」「文法」「日常生活で使う基礎的な表現」「日本事情」が30％、「コミュニケーション能力」「作文力」「読解力」が70％から構成されている（国際交流基金b）。

日本語教育を担う教員は、日本人（日本語母語話者）に加えて、先述の新規研修の修了生や、タイの大学で日本語を専攻後、教職課程を履修したり、教育学部で日本語教員として養成されたりしたタイ人教員がおり「現地化」が進んでいる。また、タイ国内では、日本語教育関係者のネットワークが発達しており、タイ国日本語教育研究会や、北部、南部といった地方にも教師会が設立されたり、国際交流基金からも専門家が継続的に派遣されたりしている（国際交流基金b）。

第二外国語としての日本語教育は、近年、急速な伸びを見せつつある華語教育の圧倒的な規模とは比べものにならないが（大塚 2016）、タイと日本の交流の歴史とその厚みに支えられている。

▼▼▼ おわりに

　タイの学校教育は、仏教的な伝統と数々の革新的な取り組みに満ちている。「国家教育法」制定から20年、PISA スコアは横ばい状態であり、また、依然として、学校教員の質的向上が焦眉の課題となっている。近年の国際的な潮流の影響を受けて、新教育大臣は都市と農村や学校間に見られる格差の是正を筆頭課題として掲げている。伝統的かつ強固なヒエラルキー的社会構造やある種の格差を是認する価値観を変革しうるか否か、主体性をもった国民、市民の育成すなわち教育の力が問われようとしている。

【引用・参考文献】

1. 大塚豊「アジア諸国における漢語教育と華僑・華人の民族アイデンティティ —カンボジア、タイ、インドネシア、ベトナム調査から—」『大学教育論叢』福山大学大学教育センター、第2号、2016年、81 〜 99頁。

2. キース・ワトソン（大塚豊訳）「2 タイ大学の発展—西洋モデルと伝統モデルの融合—」馬越徹・大塚豊監訳『アジアの大学—従属から自立へ—』玉川大学出版部、1993年、91 〜 134頁。

3. 国際交流基金 a「2018年度『海外日本語教育機関調査』速報値」https://www.jpf.go.jp/j/about/press/2019/dl/2019-029-02.pdf（2019年12月24日閲覧）

4. 国際交流基金 b「タイ（2017年度）」日本語教育国・地域別情報 https://www.jpf.go.jp/j/project/japanese/survey/area/country/2017/thailand.html（2019年12月24日閲覧）

5. JETRO（日本貿易振興機構）「タイ　概況」https://www.jetro.go.jp/world/asia/th/basic_01.html（2019年12月24日閲覧）

6. 下田旭美「タイにおける高専教育モデルの展開—パイロット校を訪問して—」『広島商船高等専門学校紀要』第42号、2020年、13 〜 20頁。

7. 泰日経済技術振興協会付属語学学校「タイ人のための日本語コース」http://j.tpa.or.th/slc/course.php?lang=jp（2019年12月25日閲覧）

8. 新原卓「タイの教育制度概観と新大学入試制度」日本学術振興会海外学術動向ポータルサイト　http://www-overseas-news.jsps.go.jp/wp/wp-content/uploads/2019/04/2018kenshu_13bkk_niihara.pdf（2019年12月24日閲覧）

9. 牧貴愛「タイの大学入試制度—『分を知る』社会における公平性—」『大学教育論叢』福山大学大学教育センター、第2号、2016年、65 〜 79頁。

10. 村田翼夫『タイの教育発展—国民統合・文化・教育協力—』東信堂、2007年。

11. ラッタピパット・ディラカ「タイ国の教育格差と賃金構造」『所報』盤谷日本人商工会議所、2012年11月、No. 607、8 〜 19頁。

12. Office of the Education Council（OEC）, Ministry of Education, Thailand, Education in Thailand 2018, Bangkok: Prigwhan Graphic Co.,Ltd., 2019.

3 マレーシア

学力向上策と新しい初等・中等教育カリキュラム

サバ州初等学校の英語授業のひとコマ（筆
者撮影）

道徳教育の教科書・フォーム5（筆者撮影）

▽▽▽ はじめに

　マレーシアのクアラルンプール国際空港（KLIA）に降り立つと、空港内の案内板に、マレー語と英語のみならず日本語も併記されていることに驚かされる。親日家で知られるマハティール・ムハンマド首相が1981年に提唱したルックイースト（東方）政策の影響で、日本語を学ぶマレーシア人は多い。海外からの移住者を積極的に受け入れる「マレーシア・マイ・セカンドホーム（MM2H）プログラム」により、長期滞在用ビザが取得できるため、日本人のシニア層に人気が高い。さらに、近年では子どもの英語教育のために移住する日本人も増加している。日本とマレーシアの関係は良好で、2017年には外交関係樹立60周年を迎えている。

　マレーシアの最大の魅力は、マレー人、華人、インド人等、様々な民族から構成されていることにある。街を歩いていると、食文化や身にまとう衣装などいずれをとっても色とりどりの民族的な多様性が見られる。

　マレーシア政府は、2013年から2025年までの長期的な教育計画をマレーシア教育ブループリント2013-2025（Pelan Pembangunan Pendidikan Malaysia／Malaysia Education Blueprint 2013-2025、以下ブループリント）に示している。このブループリントでは、児童生徒に身につけさせたい6つの資質能力として、知識、思考力、リーダーシップスキル、倫理性と精神性、国家のアイデンティティ、二ヶ国語の語学力が挙げられている（MOE 2012、p.E-10, pp.25-26；鴨川 2019）。マレーシアで重視される二ヶ国語とは公用語のマレー語と第二言語の英語であるが、教育省はその他に

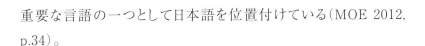
重要な言語の一つとして日本語を位置付けている(MOE 2012, p.34)。

第1節　学校教育制度の概要

　マレーシアにおける現行の学校体系は、6年の初等教育(Pendidikan Rendah、日本の小学校に相当、以下同)、3年の前期中等教育(Pendidikan Menengah Rendah、中学校)、2年の後期中等教育(Pendidikan Menengah Atas、高校)からなる。合計11年間の教育は長らく無償で義務ではなかったが、2003年から初等教育6年間のみ義務化されている。

　マレーシアの学校体系の特徴の一つは、公立の初等学校が言語別に分かれている点にある。初等教育段階では、マレー語を教授言語とする国民学校(在学者数全体に占める児童の割合77.07%、2019年、以下同)の他に、教授言語別に国民型華語学校(19.15%)、国民型タミル語学校(2.98%)に分かれている(MOE 2019 p.17)。基本的な修了年限は3種の学校とも同じである。中等教育段階では、マレー語を教授言語とする国民中等学校に一本化されるため、初等教育段階から中等教育段階へ移行する際に、マレー語の成績が芳しくない生徒(一般的には華人やインド人の生徒)は、リムーブ・クラス(Tingkatan Peralihan、移行学級)に進み、マレー語教育を1年間受けることが義務付けられている。

　加えて、各教育段階の最終学年に全国統一試験が課されている点も特徴の一つである。まず、初等学校到達度試験(Ujian Pencapaian Sekokah Rendah:UPSR)を初等学校修了時に受ける。前期中等教育段階後には前期中等教育証書(Penilaian

Menengah Rendah:PMR）試験があり、PMR試験の結果に応じて後期中等教育段階で進学するコースが決められてきた。PMRは2013年の実施を最後に終了し、現在はフォーム3評価（Pentaksiran Tingkatan Tiga:PT3）と呼ばれる学校単位で行われる評価制度に移行している。

　中等教育段階には様々な学校種があり、政府補助学校である普通学校（Sekolah Biasa）、全寮制学校（Sekolah Berasrama Penuh）、宗教学校（Sekolah Agama）、準政府補助学校のマラ・ジュニア理科カレッジ（Maktab Rendah Sains MARA:MRSM）などに大学進学コースが設置されている。かつて技術学校（Sekolah Teknik）と職業学校（Sekolah Vokasional）が併存していたが、政府による第7次マレーシア計画（1996〜2000）以降、技術学校にて職業技術教育が行われている。

　後期中等学校の最終学年にマレーシア教育証書（Sijil Pelajaran Malaysia:SPM）試験、中等後教育段階であるフォーム6の修了前に、マレーシア上級教育証書（Sijil Tinggi Persekolahan Malaysia:STPM）試験がそれぞれ課せられる。SPMあるいはフォーム6の修了前に、マレーシア上級宗教教育証書（Sijil Tinggi Agama Malaysia:STAM）試験もある。なお、多くの生徒が受験するSPMとSTPMの詳細を第4節で詳述する。

▼▼▼ 第2節　初等・中等教育における外国語（英語）教育

　マレーシアでは21世紀スキルの育成を目指す学力向上政策が導入され、それを反映した新しいカリキュラムが取り入れられている（MOE 2016、p.16;鴨川 2019）。2017年から、初等学校第1

年に初等学校標準カリキュラム（Kurikulum Standard Sekolah Rendah:KSSR）、前期中等学校第1年（フォーム1）に中等学校統合カリキュラム（Kurikulum Bersepadu Sekolah Menengah: KBSM）が導入されている。それぞれの教科一覧は表1の通りである。これらの新しいカリキュラムに、21世紀型スキルである高次の思考スキル（Higher Order Thinking Skills:HOTS）の要素が70％程度含まれており（MOE 2018、p.2-5）、先述した全国統一試験でもHOTSに関連する質問が増えている。

　1983から2010年まで用いられた初等学校統合カリキュラム（Kurikulum Bersepadu Sekolah Rendah:KBSR）と新カリキュラムであるKSSRとで異なる点は、(i) 6つのテーマ別にカリキュラムが構成されている点、(ii) 標準カリキュラムに位置づけられる点、(iii) 低学年（1年〜3年生）はモジュールベースであり、必修教科は基礎教科とテーマ教科に分かれる一方、高学年（4年〜6年生）では必修テーマ教科と選択教科に分かれている点、(iv) 3Rsではなく4Rsに焦点を当てる点、(v) 創造と革新、努力とICTがキーワードに用いられる点が挙げられる（鴨川 2014）。

　新しい標準カリキュラムであるKSSRは、マレー語と英語、算数の学力向上を重視している。冒頭で紹介したようにマレーシアの公用語はマレー語であるが、第二言語の英語は、初等教育段階の1年生から必修教科の一つである。加えてKSSRでは、学校種に応じてマレー語と英語の他に中国語やタミル語が必修コア教科に設定されている（表1）。加えて、宗教・価値教育であるイスラーム教育か道徳教育のほかに、保健体育や芸術、音楽教育も必修教科に位置付けられている。さらに、多文化・多言語社会を反映して、多言語によるコミュニケーション能力の向上が期待でき

表 1. 初等教育段階および前期中等教育段階における教科一覧

	初等学校（KSSR）	前期中等学校（KBSM）	後期中等学校（KBSM）
必修	マレーシア語 英語 中国語（国民型学校） タミル語（国民型学校） 算数 理科 イスラーム教育 道徳教育 体育 保健 音楽の世界 美術の世界	マレーシア語 英語 数学 理科 イスラーム教育 道徳教育 歴史 地理 生活技能 公民および市民性教育 音楽 体育 保健	マレーシア語 英語 数学 イスラーム教育 道徳教育 歴史 理科（コースによる） 音楽 体育 保健
選択	アラビア語 中国語（国民学校） タミル語（国民学校） イバン語 カザダンドゥスン語 セマイ語	アラビア語 中国語 タミル語 イバン語 カザダンドゥスン語	92 の教科がコースにより 選択可能

出所：MOE (2012), p.4-3.
注：網掛けは、各教育段階修了時に実施される試験（UPSR、PMR および SPM）の対象となる必修コア教科。マレーシア語は出所の表記による。

るカリキュラムとなっている（鴨川 2014）。

　近年、マレーシア政府は英語教育に力を入れ、CEFRを基準にした「マレーシアにおける英語教育改革:ロードマップ2015-2025（English Language Education Reform in Malaysia: The Roadmap 2015-2025、以下ロードマップ）」を打ち出している（The Star 2019年6月9日付）。このロードマップによると、初等教育段階における英語教育の目標は、(i)フォーマルおよびインフォーマルな場で、自信をもってかつ適切に、友人や大人と英語でコミュニケーションをとる、(ii)情報を得るため、楽しみながら英語のテク

ストを読み理解する、(ⅲ)様々なメディアを通じて、適切な言語、スタイルや形式を用いて書く、(ⅳ)英文学や創造的な作品を楽しみながらそれらの価値を認め、理解し説明する、(ⅴ)スピーチやライティングで正しく適切な文法を用いる、である。

　初等教育段階の英語の授業では、1年生から読む、書く、話す、聞くという4技能を学ぶことに加えて、3年生から文法を学ぶ。さらに、2018年から英語圏の教科書を輸入し活用している点は特筆すべきである。同年1月から、初等教育段階ではケンブリッジ大学出版の『スーパー・マインズ（Super Minds）』を、中等教育段階ではマクミラン出版社の『パルス2（MacMillan's Pulse 2）』を使用している（鈴木 2018）。マレーシアの地元英字紙 The Star では、輸入された英語教科書を用いるメリットとして、コスト・パフォーマンスがよい点と、教育課程が改訂される5年のスパンではなく、毎年新しい教科書を活用できる点が指摘されている。その一方、英語の輸入教科書使用に対して、マレーシア国内では賛否両論ある（The Star 2019年2月4日付および同年5月6日付）。

▼ 第3節　道徳教育

　マレーシアでは、イスラーム教育あるいは道徳教育は、初等学校1年生から後期中等学校5年生（フォーム1からフォーム5）まで必修教科に位置付けられている（表1）。ムスリムの子どもたちがイスラーム教育を受けている時間に、非ムスリムの子どもたちは道徳教育を受けることが義務付けられている。KBSRカリキュラムと同様に、新しいKSSRカリキュラムでも、ムスリムの子どもには毎週160分間、非ムスリムの子どもには毎週120分間の授業時間が課

されている（MOE 2012、p.106）。なお、イスラーム教育および学習については、久志本（2014）に詳しい。

　イスラーム教育と道徳教育の役割に関して、ブループリントには、「イスラーム教育と道徳教育は生徒同士の結束を高め、より強いきずなを育む上で重要な役割を果たしている」（MOE 2012、p.36）と記されている。しかしながら、実際には、同じ時間帯にイスラーム教育と道徳教育という別々の価値教育を受けることにより、「マレー系・非マレー系それぞれが"共通"して持つべき公共心や団結心、マナーなどといった部分よりも、むしろ"差異"の部分ともいえる民族的なアイデンティティが強調されやすい（後略）」という弊害も指摘されている。この指摘を受けて、2005年から宗教に関係なくすべての子どもたちが学ぶ中等学校の必修教科として「公民および市民性の教育」が設けられている（手嶋 2017、pp.130-131）。

▼▼▼　第4節　高校から大学への入学者選抜と成績評価

　毎年3月には、マレーシア教育証書（SPM）試験の結果発表の一幕が新聞紙上をにぎわせる。2014年からSPMに高次の思考スキル（HOTS）に関する問題が取り入れられたことを反映して、新聞の見出しにも変化が見られる。たとえば、2018年の結果公表時には「HOTSに関する質問にどのくらい答えられるか」という見出しが一面トップを飾った（The Star 2018年3月16日付）。

　マレーシアでは、高校から大学への進学にあたりSPMの結果が重要な意味を持っている。SPMは日本の大学入試センター試験（現・大学入試共通テスト）に似ているが、中等学校を修了したは

ぼすべての生徒が卒業前に受験するという点が、日本のセンター試験とは異なる。SPMを受験した後に、よい成績を収めた生徒はマトリキュラシ（大学予科）や留学準備プログラムを選択することができる。それ以外の生徒のうち、大学進学希望者はフォーム6に進学し、1年ないし2年後にSTPMを受験する。フォーム6に進学した生徒にとって、STPMの結果は大学に入学する際の判定の材料となる。STPMは英国で用いられる大学入学資格であるGCEのAレベル、SPMは中等教育修了証明であるGCSEのOレベル相当とみなされる。

　高校から大学への進学を前に、SPMの結果が教育省の試験委員会（Lembaga Peperiksaan）から発行される。SPMで優秀な成績を収めた生徒の中には、ソーシャルネットワークサービス（SNS）上に自身の結果を公表している生徒もいる。それらのうち、比較的新しい成績表を再現したモデルが図1である。SPM証書には、マレー語、英語、道徳教育、歴史、数学、物理、化学、生物学、中国語などの結果が教科別に示されている。それぞれの教科に関して、Aは優、BとCは良、DとEは可（以上、合格）、Gは不可（不合格）という4段階に分けられることに加えて、AはA＋（秀に相当）、A（優）というより詳細なグレードが付される。成績評価は各教科の総合得点ではなく、各教科の相対評価によりグレードがランク別に示されるところに特徴が認められる（メルウィン2016、pp.53-69）。ただし、グレードをどのような基準で付すかという点は一般には公表されていない。新聞などマスメディアの報道では、いくつA＋あるいはAを獲得したかに注目が集まるとともに、SNS上には自身が獲得したA＋の数を誇らしげに示す画像も数多く掲載される。

後期中等教育後に、フォーム6という中等後教育段階のコースに進学する場合もある。フォーム6は4つの教科に分けられており、フォーム6を修める前に受験するSTPMでは、それぞれの教科に対する試験の成績が累積成績の平均点（CGPA）で示される。各教科のグレードはA＋、A－、B＋、B－、D＋、D－から不合格のFまで11ランクで示される。STPMの結果（図2）によると、各教科のグレードの右側にはポイントが示されている。教科のポイントの算出方法は、グレード別にFを0ポイントとし、グレードが上がるごとに1.0から4.0までポイントが付与される仕組みとなっている。このように、結果には各教科のポイントが下段に示されるとともに、上段には教科全体のポイントも示されている（メルウィン 2016、pp.53-69）。

▼▼▼ 第5節　日本語教育

　マレーシア人の日本語への関心は高く、日本語学習者数は約4万人と世界第10位に位置している（独立行政法人国際交流基金）。日本語教育の主な実施機関は、留学前の予備教育機関および中等教育機関である。ルックイースト政策により、留学前の予備教育として日本語教育が行われてきたことが、マレーシアにおける日本語教育の基盤にある（太田 1999）。その一方、中等教育機関では、1984年から全寮制中等学校において日本語が外国語選択科目に位置付けられ、2005年からは一般の全日制中等学校にも日本語教育が拡大している（国際交流基金）。現在では、約130校の公立中等教育機関で、選択教科である第2外国語の一つとして日本語科目が開講されている（宮原・近藤 2016）。

図1. SPM　2018のモデル

| (RPN.) | LEMBAGA PEPERIKSAAN(試験委員会) | (LP/KOM.6)PIA.1/2013 |
| | KEMENTERIAN PENDIDIKAN MALAYSIA(マレーシア教育省) | |

SIJIL PELAJARAN MALAYSIA 2018(SPM 年)

NAMA : 名前
NO. K/P : ICカード番号
SEKOLAH : 学校名

KOD(科目コード)	NAMA MATA PELAJARAN(科目名)	GRED(グレード)
0000	マレー語	A+ CEMERLANG TERTINGGI(最優秀)
0000	英語	A+ CEMERLANG TERTINGGI(最優秀)
0000	道徳教育	A+ CEMERLANG TERTINGGI(最優秀)
0000	歴史	A+ CEMERLANG TERTINGGI(最優秀)
0000	数学	A+ CEMERLANG TERTINGGI(最優秀)
0000	数学(Additional Mathematics)	A+ CEMERLANG TERTINGGI(最優秀)
0000	物理	A+ CEMERLANG TERTINGGI(最優秀)
0000	化学	A+ CEMERLANG TERTINGGI(最優秀)
0000	中国語	A+ CEMERLANG TERTINGGI(最優秀)
0000	会計	A+ CEMERLANG TERTINGGI(最優秀)

0000(GCE-O)・1A
LAYAK MENDAPAT SIJIL　　　　　　　　　　　PEGARAH PEPERIKSAAN

出所：ウェブサイト等に掲載されているSPMの実物をもとに再現

図2. STPMのモデル

KEPUTUSAN PEPERIKSAAN STPM 2018(STPMの試験結果)

Nama(名前)
No. Kad Pengenalan(カード番号)
Angka Giliran
No.siri
Bil.Mata Pelajaran Didaftarkan(登録した教科数)　　　：4
Purata Nilai Gred Keseluruhan(PNGK)(教科全体のポイント)：3.92

KOD (コード)	MATA PELAJARAN (教科科目名)	WAJARAN(%) (正答率)	GRED KERTAS (試験のグレード)	GRED MATA PELAJARAN (教科科目のグレード)	NILAI GRED MATA PELAJARAN (教科科目のポイント)
番号	一般教養			A	4.00
	一般教養1	29.0%	A−		
	一般教養2	22.0%	A		
	一般教養3	29.0%	A		
	一般教養4	20.0%	A		
番号	地理			A	4.00
	地理1	32.0%	A		
	地理2	32.0%	A		
	地理3	16.0%	A		
	地理4	20.0%	A		
番号	経済			A	4.00
	経済1	32.0%	A		
	経済2	32.0%	A		
	経済3	16.0%	A−		
	経済4	20.0%	A		
番号	実務			A−	3.67
	実務1	25.0%	A		
	実務2	25.0%	B+		
	実務3	25.0%	B+		
	実務4	25.0%	A		

Nota Penting : Nota:Keputusan gred kertas yang dicatatkan ialah keputusan yang terbaik

出所：ウェブサイト等に掲載されているSTPMの実物をもとに再現

2008年にマレーシア教育省は中等学校（全日制および全寮制）における日本語教育の目標、学習項目及び評価方法の概要を示す「中等教育機関日本語指導要綱（Sukatan Pelajaran Bahasa Jepun）」を施行した。2017年からは、全日制および全寮制の中等学校1年生を対象とする「中等学校標準カリキュラム　日本語カリキュラムと評価のスタンダード　第1学年（Dokumen Standard Kurikulum dan Pentaksiran Bahasa Jepun Tingkatan 1, Kurikulum Standard Sekolah Menengah）」を施行し、これを皮切りに、順次上級学年向けのカリキュラムが施行されている。これら新しい日本語カリキュラムに合わせた教科書として、中等教育段階では学年ごとに2種類の教科書を用いている。中等教育段階で教えられる語彙リストは日本語能力試験のN4レベルに準拠しており、一部N3レベルの語彙を含んでいる（宮原・近藤2016 p.3）。なお、1984年には、日本語能力試験がクアラルンプール会場で始まり、現在ではクアラルンプール以外の複数の会場でも実施されている（国際交流基金）。

　中等後教育修了後の日本留学のための予備教育は、以下の4機関で実施されている。（i）マラヤ大学予備教育センター日本留学特別コース（Rancangan Persediaan Khas ke Jepun, Pusat Asasi Sains, Universiti Malaya、通称Ambang Asuhan Jepun:AAJ）、（ii）INTEC教育カレッジ東方政策プログラム高等専門学校予備教育コース（Kumpulan Teknikal Jepun（KTJ）、INTEC Education College）、（iii）マラ教育財団マレーシア日本高等教育プログラム（Malaysia Japan Higher Education Programme（MJHEP）、Yayasan Pelajaran MARA）、（iv）帝京マレーシア日本語学院（Institut Bahasa Teikyo:IBT）である（国

際交流基金）。各機関では、マレーシア人の生徒や学生の特性に応じた教材を独自に製作したり、日本語未修者（華人）の能力を1年間でN2レベルまで向上できるカリキュラムを開発したりするなどし、マレーシアから日本向け留学者数の拡大に大きく寄与している（宮原・近藤 2016、p.4）。

　日本語教育を行う高等教育機関の拠点の一つである、マラヤ大学予備教育センター日本留学特別コースは、ルックイースト政策が打ち出された直後の1982年に設立された。ほとんどの学生はマレー人であり、日本の国立大学の理工学部に入学することを目指している。2018年現在までに約4千人の卒業生を輩出しており、卒業後の主な進路は公務員や日系企業・大学院進学である。卒業時の日本語能力はN2レベルである。1998年からマラヤ大学言語学部に日本語専攻コースが設けられているが、日本語専攻コースには華人が多い（国際交流基金）。

▼▼▼ おわりに

　マレーシア教育省は、2017年から初等教育および中等教育における新標準カリキュラムを導入し、国際社会の潮流を見すえ21世紀型スキルの育成に努めている。また、英語教育改革にも着手し、海外からの移住者や留学生を受け入れるアジアのハブとなるべく舵を切っている。

　2018年にマハティール首相が再び政権に就き、日本とマレーシアの友好関係はますます深まりを見せている。日本語学習者が多いマレーシアにおいて、今後ますます積極的に日本語教育が実施され、日本で学ぶ留学生数が増加していくことが期待できる。

【引用・参考文献】

1. MOE, Malaysia Education Blueprint 2013-2025, 2012.
2. MOE, Malaysia Education Blueprint Annual Report 2015, 2016.
3. MOE, Malaysia Education Blueprint Annual Report 2017, 2018.
4. MOE. Quick Facts 2019:Malaysia Educational Statistics, 2019.
5. Vishalache Balakrishnan, The Development of Moral Education in Malaysia, Asia Pacific Journal of Educators and Education, Vol.25, 2010, 89-101.
6. 太田陽子「マレーシアにおける日本語教育―現地化に向かう現状と問題点―」『一橋大学留学生センター紀要』第2号、1999年、45～55頁。
7. 鴨川明子「マレーシアの教員評価と研修」平成24～26年度科学研究費補助金（基盤研究B）中間報告書（課題番号24330230）（研究代表者小川佳万）『アジアにおける学校改善と教師教育改革に関する国際比較研究』2014年、138～150頁。
8. 鴨川明子「マレーシアにおける21世紀型スキルに対応した教員研修」平成28～30年度科学研究費補助金の挑戦的萌芽研究（16K13537）（研究代表者　長島啓記）『21世紀型スキルに対応した教員研修の在り方に関する国際比較研究』最終報告書2019年、9～18頁。
9. 久志本裕子『変容するイスラームの学びの文化 - マレーシア・ムスリム社会と近代学校教育 -』ナカニシヤ出版、2014年、全506頁。
10. 鈴木康郎「マレーシアにおける小学校英語教育の現況とその改革動向」第54回日本比較教育学会自由研究発表（於：広島大学）、2018年。
11. 手嶋將博「第6章　マレーシアの市民性教育―アセアンネスの意識涵養―」平田利文編著『アセアン共同体の市民性教育』東信堂、2017年、127～153頁。
12. 宮原啓造、近藤佐知彦「マレーシアの教育制度と中等教育機関における日本語教育」『留学交流』vol.61、2016年、1～7頁。
13. メルウィン・ロー・ゼー・ハン「マレーシアにおける高大の国際的接続に関する調査研究―私立テイラーズ・カレッジの事例―」平成25～27年度科学研究費補助金（基盤研究（C））研究成果報告書『アジア・オセアニアにおける高大の国際的接続に関する調査研究』2016年、53～68頁。

【参考ウェブサイト（すべて 2019 年 12 月 25 日最終閲覧）】

1. マレーシア教育省 http://www.moe.gov.my/
2. 独立行政法人国際交流基金
   https://www.jpf.go.jp/j/project/japanese/survey/area/country/2017/
   malaysia.html
3. Kurikulum Standard Sekolah Rendah http://kssr.bpk.my/

4 シンガポール

**成績評価から、人間性評価へと舵を切る
教育改革**

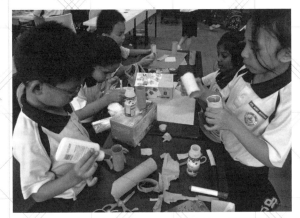

小学校の PAL（Programme for Acitive Learning）の授業風景（2019
年筆者撮影）

小学校の PAL（Programme for Acitive Learning）の授業風景（2019
年筆者撮影）

▽▽▽ はじめに

　シンガポールは国際学力テストや国際科学オリンピック、世界大学ランキングなどで卓越した成績を収めてきた。15歳児（高校1年）を対象とした最新の「OECD学習到達度調査」（PISA 2018）の結果でも、中国の諸都市を除けば、読解力、数学的リテラシー、科学的リテラシーの3分野全てで各国を抑えてトップとなり、直近の「国際数学・理科教育動向調査」（TIMSS 2019）でもGrade 4（小学4年）とGrade 8（中学2年）で首位を独占した。また英語力を測るTOEFLの成績でもアジア地域では常に首位の座にあり、その得点もオランダなど世界トップの国々と肩を並べる。各国がこれらの結果に一喜一憂する中、高い数理科学力や英語力を支える同国の学校教育制度や試験・評価制度に改めて注目が集まっている。

▽▽▽ 第1節　初等・中等・高等教育制度の概要

　2019年現在の学校数は、小学校179、中学校136、ジュニア・カレッジ（Junior College: JC）10、中央教育学院（Centralised Institute: CI）1、小学校−中学校／中学校−JCでの総合課程（Integrated Programme: IP）校16、技術教育学院（Institute of Technical Education: ITE）3、芸術系学校2、ポリテクニック（Polytechnic）5、大学6である。

　同国の学校教育制度（図1）の特徴としては、各教育段階の終了時に行われる各種の修了試験と小学校5・6年から始まる習熟

図1. シンガポールの学校教育制度

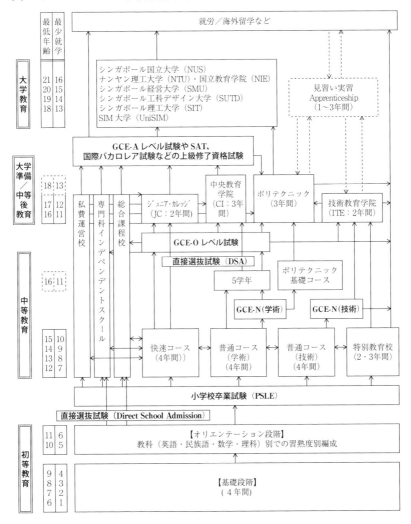

出所：筆者作成

度別・能力別編成の2点を挙げることができる。以下、その概要を教育段階別に述べる。

1. 初等教育(Primary Education)

初等教育の6年間は義務教育と定められており、P1～4年の基礎段階とP5～6年のオリエンテーション段階で構成される。基礎段階では授業時間の約6割が英語、民族語、数学の中核教科に当てられ、このほかに社会、理科(P3から)、体育・保健、音楽、美術、人格・シチズンシップ教育(Character and Citizenship Education: CCE)、集会の時間がある。また、P1・2でアクティブ・ラーニング・プログラム(Programme for Active Learning: PAL)、P3以上で課外活動(Co-Curricular Activities: CCA)も必修となる。

P5～6のオリエンテーション段階では、P4での校内試験の成績などを基に、教科ごとでの習熟度別編成が採られている。英語、民族語、数学、理科の4教科については基礎と標準の2つの習熟度別コースに分かれて学び、民族語については上級コースも用意されている。

児童はP6の終わりに、英語、民族語、数学、理科の4教科について、シンガポール試験・評価庁(Singapore Examinations and Assessment Board:SEAB)が実施する小学校卒業試験(Primary School Leaving Examination: PSLE)を受ける。2019年のPSLE合格率は98.4%であった。

2. 中等教育(Secondary Education)

4/5年間の中学校教育では、PSLE合格者についてはその

得点に基づいて、快速（Express）、普通（学術）（Normal（Academic）: N（A））、普通（技術）（Normal(Technical): N（T））といった能力別コースに配分される。一方で不合格となった児童は、再受験するか、特別教育校（Specialised School）に進んで、ITEへの進学や就業に備えて職業訓練を受けることになる。また学力や資質に秀でた生徒には、小中または中学校とJCが連携した先述のIP校や、数学、理科、芸術、スポーツの各分野を専修するインデペンデント校（Specialised Independent School）に進む機会が与えられる。

　中等教育修了のために、生徒はSEABが実施する普通教育修了資格（General Certificate of Education: GCE）試験をレベル別に受ける。快速コースの生徒は最終の4学年でGCE普通（Ordinary:O）レベル試験を受け、その得点によってJCやポリテクニックなどに進む。N（A）コースの生徒はGCE-N(A)レベル試験を受け、成績が良好な場合には5学年での学習を経てから、GCE-Oレベル試験を受けるか、そのままポリテクニック基礎コースに進む。N(T)コースでは生徒の多くはGCE-N(T)レベル試験を受けた後、ITEに進学する。これらの進学に当たっては最低でもGCE-Oレベル3教科又はNレベル5教科の合格が必要となる。2018年度の合格率は89.7%であった。

　なお2019年3月に教育省は、中学校での能力別コースを段階的に廃止し、2024年度までにP5-6年で採られているような習熟度別編成に移行させることを表明している。

3.　大学準備教育（Pre-University Education）

　2年制のJCと3年制のCIがある。JCの生徒は人文系と理数

系、CIではこれに商業系を加えて、いずれかのコースを履修する。各コースのカリキュラムは大学進学に必要となるGCE上級（Advanced:A）レベル試験の内容に準じて構成されており、各科目はH1（GCE-Aレベル相当で1単位135時間）、H2（GCE-Aレベル相当で1単位270時間）、H3（発展的な内容で1単位270時間）の3つのレベルで区分される。生徒はAレベル試験で受ける3つのH2科目と1つのH1科目（3H2+1H1）を選択するが、このうち少なくとも1つの科目は異なるコース系科目の履修が課せられる。H3科目では、大学や研究機関と連携した探究型のプログラムも用意される。

4．中等後教育(Post-Secondary Education)

　高技能職の人材養成を担うポリテクニックと中級技能人材を養成するITEがある。パートタイム型や全日型など多様な資格取得プログラムが用意されており、学修期間も1〜3年と様々である。中学校卒業後、小学校同期入学群の6割以上の若者はこれらの技術教育機関で学んでいる。

5．大学教育(Universities)

　公設民営方式で設立された5つの自治大学と1つの私立大学がある。全日制大学への小学校同期入学群での入学率は2018年現在37.1%であるが、政府は2020年までに同値40%の達成を目指している。

第2節 初等・中等教育段階における 外国語（英語）教育

1. 二言語教育政策

　華人系、マレー系、インド系の主要3民族で社会が構成されている。シンガポールでは、1965年の建国以来、英語を共通語とし、これに加えて各々の民族語（華語、マレー語、タミル語）を併行して学習する二言語教育政策を採ってきた。小学校では、民族語とCCEの授業は華語やマレー語といった各々の民族語で教えられているが、その他の教科の教授言語は全て英語となる。中学校以上では、民族語以外の全ての教科が英語で教えられている。

　幼稚園等の就学前の段階でも、"食べ物"、"お祭り"といった生活単元を取り上げて、英語と民族語を併用して学ぶ統合アプローチが採られており、年齢が上がるにつれて、授業で英語を使用する比率は増えていく。

2. 英語科カリキュラム

　教育課程の編成や教科書の編纂にあたって基準となるのが、教育省が発行するシラバスである。2010年版の英語科シラバスは、小学校と中学校を統合して編成されており、聴解力、読解力、会話表現力、筆記表現力、文法、語彙の6領域に分けて、各学年での学習到達目標（Learning Outcomes:LO）を設定する。例えば聴解力のLOでは、"注意や理解を示して、積極的に聴く態度や行動を実践できる"、"適切な技能や方法を用いて、教科書等の意味を聞き取る"、"適切な技能や方法を用いて、テキストを評価する"、"様々な文学作品や情報・機能的テキストを聞き取ること

ができる"の4つが設定され、各LOについてより詳細で構造化された評価規準が学年ごとに示されている。

またシラバスは先述の能力別コースごとに作成されている。英語科のシラバスも、小学校–中学校「快速」「普通（学術）」、小学校「基礎」–中学校「普通（技術）」の2つに分けられ、前者はP1-S4/5までの10/11年間、後者はP5-S4までの6年間で編成されている。LOや評価規準も、前者の場合は読解力や筆記表現力などの学術的スキル、後者は聴解力や会話表現力といった日常の実践力をより重視した設定で差別化されている。

3. 外国語科目–第三言語教育プログラム

教育省は1977年に日本語を第三言語に指定し、翌78年に語学センター（Ministry of Education Language Centre:MOELC）を開設して、日本語とフランス語の第三言語教育プログラムを開始した。現在ではドイツ語やアラビア語、スペイン語なども加えて7言語から選択・履修できる。PSLEで優秀な成績を収め、第三言語を学ぶ資質・能力があると判定された中学生やJC生は、MOELCで行われる週1回の3時間15分の授業と45分のオンライン・プログラムを無償で受講できる。第三言語はGCE-OレベルやAレベルの試験科目ともなっており、中学生はGCE-Oレベル、JC1生がH1レベル、JC2生がH2レベルで学習する。

第3節　道徳教育

1.　CCEカリキュラム

　人格形成と価値教育を担う活動時間が、小・中学校で必修と
なるCCE（華語名"好品徳・好公民"）である。CCEのカリキュラム
ではグローバリゼーションと知識経済に対応できる次世代を育成
するために、表1に示す8つのLOの達成が目指されている。

　CCEの各活動の年間配分時間は図2の通りである。活動内
容は、小学校1〜4年では授業、クラス担任によるガイダンス（Form
Teacher Guidance Period: FTGP）、学校全体でのCCE（集会
や講話など）があるほか、5・6年ではセクシャリティ教育（Sexuality
Education:SEd）も用意される。授業では、各民族語の教科書を
用いるほか、ヒンディー語やパンジャブ語といったインド系の少数
諸言語家庭の児童や民族語の語学力が低い児童のために、英
語版の教科書も用意されている。

表1. CCE の学習到達目標（Learning Outcomes :LO）

LO1 自己を認識し、自己管理技能を用いて、個人の幸福と成功を導く

LO2 道徳の諸原理に基づき、誠実に行動し、責任ある意思決定を行う

LO3 社会を認識し、対人関係技能を用いて、相互尊重に基づく良好な関係を築く

LO4 困難を克服し、挑戦を好機に替える能力を持つ

LO5 国民としての誇りとシンガポールへの帰属意識を持ち、国家建設に貢献する

LO6 シンガポールの社会的・文化的多様性を尊重し、社会の統合と調和を促進する

LO7 他者を思いやり、コミュニティと国家の発展に積極的に貢献する

LO8 情報リテラシーと責任感を持った市民として、コミュニティや国家、世界の課題に
　　対応する

図 2. CCE の各活動の配分時間

小 学 1-3 年	授 業（30）	F T G P（15）	学 校 C C E（15）		年 間 60 時 間
小 学 4 年	授 業（45）	F T G P（15）	学 校 C C E（15）		年 間 75 時 間
小 学 5-6 年	授 業（45）	F T G P（15）	S E d（4）	学 校 C C E（11）	年 間 75 時 間
中 学 1-5 年	授 業（20）	生 徒 指 導（13）	学 校 C C E（27）		年 間 60 時 間

出所：Ministry of Education Singapore, 2014 Syllabus: Character and Citizenship Education, 2012 の小・中学校版をもとに筆者作成

　FTGPでは、キャリア教育やネット利用学習（Cyber Wellness）、いじめ問題といった進路や生活に関する題材を扱う。中学校の生徒指導は、SEd 5時間、ネット利用学習4時間、キャリア指導4時間の配分で実施される。

2. CCEの授業内容と方法

　授業の題材と主発問は、6つの領域（自分、家族、学校、コミュニティ、国家、世界）について、3つの観点（アイデンティティ、関係、選択）から設定される。例えば「国家」については小学6年に「ロボット惑星」という題材がある。この惑星には法律がなく、街はゴミで汚れ、盗難が多発し、信号機もない。主人公はこの惑星で法律の大切さを理解し、清潔・安全・安心なシンガポールに帰っていくという話である。教科書内では「なぜ国には法が必要なのか?」（アイデンティティ）、「シンガポールがこの惑星のようだったら、あなたや家族は安心して生活できるか?その回答の理由は?」（関係）、「あなたならこの惑星をどのように改善できるか?」（選択）といった発問が提示される。またワークブックには「あなたの身近で同様の問題はないか?」「その問題の解決のため、どのようなルールを

作るか？」「そのルールは近隣住民にどのような利益をもたらすか？」といった実際の生活に即した設問も用意されている。

　このようにCCEでは児童生徒の生活経験と結びつけながら、ディスカッションやロールプレイなどの参加型の学習活動を通して主体的に倫理的な課題を考え、社会と積極的に関わり、自ら実践できる市民的資質の育成が目指されている。

第4節　JCから大学への入学選抜と成績評価

　シンガポールには日本のような大学入学の合否を決するための入学試験制度はない。JC1の頃からGCE-Aや国際バカロレアなどの修了試験を幾度も受け、その成績（到達度）によって希望する大学や学部に進学できるかどうかが決まる。このためJC/CI生のカリキュラムは先述の通り、大学進学に必要となる修了試験の各科目（3H2+1H1）を基本に組み立てられ、その合格率は極めて高く、2018年度の3H2の合格率は93.3％であった。以下、多くのJCが採用するGCE-Aレベル試験について概説する。

1．GCE-Aレベル試験の内容と方法

　GCE-Aレベル試験の登録は当該年度の3〜4月に行われ、JC2生は主に3つのH2科目と総合論文（General Paper:GP）、JC1生は1つのH1科目とプロジェクト・ワークを登録し受験する。試験は、6〜10月に民族語や日本語などの第三言語の4技能試験や物理や化学、音楽などの実験・実技試験、11〜12月にGPや各科目の筆記試験が行われる。筆記試験では指定された電卓や辞典の持ち込みも認められる。

GCE-Aレベル試験のH2とH1の評価基準は、A・B・C・D・E・S（sub-pass）・Ungradedの等級に分けられ、A ～ Eが合格となる。H3や語学（会話・聴き取り）の基準は、Distinction、Merit、Pass、Ungradedの4段階である。

　試験結果を示す得点票と修了証（図3）は翌年の2月に学校に郵送される。また国民各人の学校教育や生涯学習の成果を国が一元的に管理するMySkillsFutureの個人ポータルサイトでも得点を確認できる。得点票を受け取った後、志願者は一緒に送付された審査番号（Admission PIN）を用いて、各大学が指定するWEBサイトで審査登録の手続きを行う。

２．大学・大学院入学審査の方法

　大学学部の入学審査は2段階で行われる。第1次審査では、GCE-Aレベル試験科目（3H2+1H1）、GPや「知識と探究」、プロジェクト・ワークの成績を基準にコンピュータが入学者を決定する。各学部で必要となるおおよその成績基準は、各大学のWEBにて「3H2/1H1」方式で公開されている。例えばシンガポール国立大学（National University of Singapore:NUS）のバイオ工学部では上位10％「AAA／A」、下位10％「AAB/C」、コンピュータ工学では上位10％「AAA／A」、下位10％「BBB/C」といった具合である。

　第2次審査では、各学部が求める入学要件に従って審査が行われる。例えばNUSの電気工学では「H2数学修了及びH2物理またはH2化学を修了」、看護学部では「生物、化学、コンピュータ、物理、数学のいずれかのH2科目を修了」といった要件が示される。なお、医学部や歯学部、看護学部、法学部、建築学部など

図 3. GCE-A レベル修了証

SINGAPORE-CAMBRIDGE GENERAL CERTIFICATE OF EDUCATION ADVANCED LEVEL

This certifies that the candidate named below sat the Singapore-Cambridge General Certificate of Education Advanced Level Examination conducted by the Ministry of Education, Singapore, the University of Cambridge International Examinations and the Singapore Examinations and Assessment Board and obtained the following results:

YEAR OF EXAM
CANDIDATE

NRIC/FOREIGN
IDENTIFICATION NO.
SCHOOL
INDEX NO.

SUBJECT	LEVEL	GRADE	EXAMINING AUTHORITY
GENERAL PAPER	H1	A	CAMBRIDGE
JAPANESE	H1	A	CAMBRIDGE
CHEMISTRY	H2	A	CAMBRIDGE
MATHEMATICS	H2	A	CAMBRIDGE
ECONOMICS	H2	A	CAMBRIDGE
BIOLOGY	H2	A	CAMBRIDGE

出所：筆者が現物資料を加工し作成

幾つかの学部では、4月頃に面接・筆記試験も実施される。これらの評価を総合して合否の最終判定がなされ、正式の合格通知は5月中旬頃に各人へ送付される。大学の年度始期は8月である。

　大学院入試は各研究科単位で行われ、11〜1月に出願、4〜6月に入学審査が行われる。出願にあたっては学部で取得した学位が大学院の専攻分野と関連があり、良好な成績を収めていることが要件となる。試験では研究科が準備した専門試験や

面接試験が実施されるほか、留学生の場合はGRE、GMAT、TOEFLなどの外部試験の得点で基準を満たすことが求められる。

第5節　日本語教育・日本語学校の状況

　シンガポールは日系企業のASEAN地域統括拠点としての役割を担っており、進出する日系企業も多く、同国政府もその誘致に向けて各種の優遇措置を執っている。しかし英語が共通語であることから、ビジネスでは専ら英語が用いられ、高度なレベルの日本語人材が育ちにくい環境にある。

　先述の通り、同国では日本語は中等教育段階以上で第三言語の扱いであるが、MOELCでの学習機会はPSLEで優秀な成績を修め、また原則として母語が中国語の生徒に限定されている。MOELCの日本語コースの到達目標レベルは、中学4年生で日本語能力試験N3、JC1年生でN2、JC2年生でN1と高い水準にあり、エリート養成的な色彩が強い。

　中等後教育では、4つのポリテクニックで日本語科目が正規生や社会人学生向けに開講されており、初級レベルでの語学学習とともに、食や音楽、漫画などの日本文化理解学習も行われている。高等教育では4つの大学で日本語教育が行われているが、その多くは一般教養科目や自由選択科目としての扱いであり、ビジネス会話などの中級レベルに留まっている。しかしNUSには同国唯一の日本研究学科があり、博士・修士課程も置かれ、交換留学プログラムなど日本の各大学との交流も積極的に行っている。

　民間の日本語学校では、シンガポール日本文化協会日本語学院、文化言語学校、生駒言語学院などがある。また各地のコミュ

ニティ・センターも生涯学習の一環として、社会人向けの日本語講座を開いている。

　教育省傘下の法定機関であるスキルズフューチャー・シンガポール（SkillsFuture Singapore: SSG）は、職業能力向上のための費用助成制度であるスキルズフューチャー・クレジット（SkillsFuture Credit）を運用しており、大学やポリテクニックなどで日本語を学ぶ学生には500シンガポール・ドル（約40,000円）までを上限に補助金が支給される。

おわりに

　シンガポールの高学力はPSLEやGCEの各修了試験と精緻な評価・管理システムによって支えられている。修了試験は語学4技能や論文筆記、実験・実技などの多様な方法を用いて長期間にわたって行われ、その実施・採点はSEABが全てを担う。各試験の結果もSEABが一元的に管理し、大学やJCの入学審査の一部はコンピュータが判定を行う。学校を通して配布されるMySkillsFutureのIDを用いて、今後は個人の生涯にわたる学びの成果も国が管理し、就職などの際にそのデータが活用されていくことになるだろう。社会全体の生産性のさらなる向上に向けて、同国の学校教育システムは今後も人材評価のための重要なプラットフォームとして機能していくことになる。

【引用・参考文献】

1. Ministry of Education Singapore, Education Statistics Digest 2019, 2019.
2. Ministry of Education Singapore, 2014 Syllabus: Character and Citizenship Education Primary, 2012.
3. Ministry of Education Singapore, English Language Syllabus 2010 Primary & Secondary (Express/Normal[Academic]), 2008.
4. 国際交流基金「シンガポール（2017年度）」日本語教育　国・地域情報 https://www.jpf.go.jp/j/project/japanese/survey/area/country/2017/singapore.html（2019年12月25日閲覧）

5 ベトナム

市場化と国際化を進める社会主義国の教育事情

公立中学校における授業の風景（筆者撮影）

ベトナムの大手企業が設置した民営大学における授業の風景（筆者撮影）

▼▼ はじめに

　ベトナム社会主義共和国（以下、ベトナム）はインドシナ半島東部に位置し、ベトナム共産党を唯一の合法政党とする社会主義共和制国家である。1986年にドイモイ政策を打ち出し経済体制の市場化を図るベトナムでは、「党が領導し、国家が管理する」というおおまかな役割分担のもと、主としてベトナム共産党が教育のマクロな方向性や方針を形成し、この方針のもとで教育に関わる具体的な施策が打ち出されてきている。近年では、中央集権的な教育体制の枠組みは維持されながらも、2011年のベトナム共産党第11回大会において「ベトナムの教育を標準化・現代化・社会化・民主化そして国際化の方向に従って、根本的かつ全面的に刷新する」ことが新たな教育改革の路線として示された。このことをうけて、2020年からは「グローバル市民」の育成を掲げる新教育カリキュラムが施行されることになっている。本章では、主として2019年現在の状況に焦点をしぼりベトナム教育の特徴を考察する。

▼▼ 第1節　初等・中等・高等教育制度の概要

　ベトナムの教育制度は大きく、就学前教育、普通教育、職業教育、高等教育、そして生涯教育からなる。このうち、普通教育は5－4－3制であり、2020年度から初等教育（5年制）が義務教育として法的に規定されるようになっている。後期中等教育は、普通教育とそれに並列する職業教育から構成される。

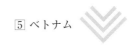

図1. ベトナムの学校系統図（2019年現在）

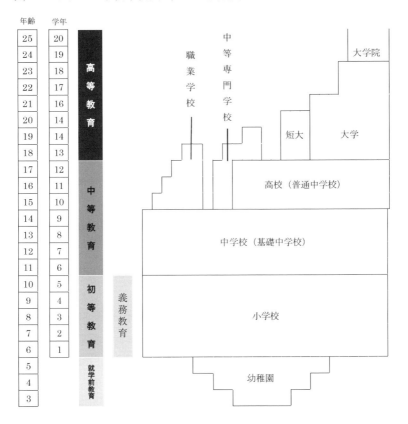

出所：https://www.legalinfo.mn/law/details/72- をもとに筆者作成

　ベトナムの教育体制は大きく「1つの教育カリキュラム、1つの教科書」のもとで極めて画一的に編成されている。全国統一の教育カリキュラムでは、第1学年から第12学年まで学校で教えられるべき各教科について、目標、内容、時間数、教育方法や実践の形式、評価方法などが詳細に規定されている。初等教育は主として6歳から10歳の生徒を対象とし、無償で提供するものとされ

ている。児童は小学校において主として、ベトナム語、数学、道徳、自然と社会（第1～第3学年）、科学（第4・5学年）、歴史と地理（第4・5学年）、音楽、美術、図工（第1～第3学年）、技術（第4・5学年）、英語（第3学年～第5学年）そして体育を学ぶ。小学校では音楽や美術などの教科を除き、学級担任制が採られている。

　中等教育は主として教科専任制を採っており、前期中等教育は主として11歳から14歳の生徒を対象としており、初等教育の修了が進学要件である。具体的には第5学年時の全国統一試験に合格することが要件であるが、ほとんどの生徒は合格している。また、後期中等教育は主として15歳から17歳を対象とし、前期中等教育を修了したうえで高校入学試験に合格をすることが進学要件となる。具体的に首都ハノイにおける一般的な公立高校の入試についてみてみると、当該区域の公立高校2校を選んで願書を提出し、語文、数学、外国語、歴史の4科目からなる入学試験を受験し、その点数で合否が決まる仕組みとなっている。ハノイでは「滑り止め」として民営高校や職業教育機関を受験することが可能であるが、公立高校の受験では中学校での成績は勘案されず、入学試験の点数のみで進学の可否が決まる。ベトナム全体として中等教育段階において生徒は語文、数学、公民、物理、化学（前期中等第8～後期中等）、生物、歴史、地理、音楽（前期中等）、美術（前期中等）、技術、体育、外国語、情報学（後期中等）、国防安寧教育（後期中等）について学習する。

　次いで、高等教育制度についてみてみよう。ベトナムの高等教育機関は大きく、「①大学」、「②大学校」、「③学院」、そして「④高等学校」から構成されている。①「大学」は、ハノイやホーチミン市に位置する国家大学並びにターイグエン大学などの地方大

学の類型がこれに含まれるが、構成員大学と呼ばれる複数の高等教育機関や研究機関からなる高等教育機関の複合体であり、総合大学として位置づけられる。また②および③の「大学校」と「学院」は、主として4〜6年制の単科大学として位置づけられ、その特徴はそれぞれが中央の教育行政部門ないし教育を所掌事項としない中央の行政部門の管轄下に置かれていることである。それから④の「高等学校」は、いわゆる短大に相当し、2〜3年制の教育課程を提供している。高等教育機関の設置形態は大きく公立と非公立（民営）機関の2つの類型にわけられるが、近年では市場との関わりを強めるため大手企業による民営高等教育機関の設置が奨励されるようになっている。

　高等教育機関に進学するためには、詳細は後述するが、現行の体制では受験生は高校卒業試験である「国家普通中学試験」の点数をもってエントリーする制度となっている。入学後の教育課程では従来の学年制に代わり原則として単位制が採られている。1学年は2学期からなり、学生は所定の年限において必須科目や選択科目を履修し、卒業に必要な単位数を取得することで卒業が認められる。高等教育機関における学習の過程では政治思想系科目の履修や国防教育への参加が必須となる。なお、履修科目の評価は学生の出席回数や出席態度、レポート、理解度検査試験、そして各学期末に設けられている科目試験などの点数を総合することによっておこなわれる。

図 2. ベトナムの小学校における通知表

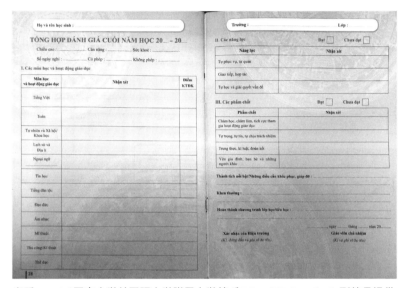

出所：ハノイ国家大学外国語大学附属中学校グエン・フエン・チャン副校長提供

第 2 節　小学校における英語教育

　ベトナムにおける小学校段階の英語教育は、2003年10月に教育訓練部が小学校段階における選択科目として英語教育課程の交付をおこなったことに端を発する。また2008年9月には、政府首相第1400号決定「『2008-2020年における国民教育体系における外国語の教育と学習』プロジェクトの承認に関する決定」（以下、外国語プロジェクト）が打ち出され、2020年を目標年次として小学校段階における英語教育の漸次的な普及が決定された。これ以降、地方の状況にしたがって、おおまかに初等教育段階の第3学年より選択科目として英語の授業が可能な小学校から順次実

践していくという方式が採られてきた。現在では全国の小学校で原則第3学年から英語が必修教科となっており、週に4時間の授業が基本形となっている。

　現行の普通教育カリキュラムにおける英語の教科書の特徴は、全体として英語のみで記述されており、英語における4つの技能（「読む」「書く」「聴く」「話す」）の習得、とりわけ「話す」と「聴く」の2つの技能の習得が重視されていることである。英語の教科書は2冊から構成され、音声付きCDが教科書に付属していることも「話す」と「聴く」を重視した英語の教科書ならではの特徴となっている。

　ベトナムの英語教育の実践についてみれば、児童のコミュニケーション能力の開発を重視する英語教育では、全体として教員そのものに高い英語の運用能力が求められている。教員の専門性を補うべく都市部にある学校などでは、教育のアウトソーシングと言える「社会化」政策を通じて地域社会や企業が資金を拠出し外国人教員をアシスタント・ランゲッジ・ティーチャー（ALT）として雇用している学校もある。こうした学校では、英語教科の授業言語は主として英語であり、ネイティブの協力のもとで質の高い英語教育がおこなわれているため、児童の英語力は全体として極めて高い。

　小学校における英語教科の評価は、教育訓練部が公布する「小学校児童の評価規定」においてその手続き及び形式が定められており、ベトナムの小学校教員はこの規定に基づいて生徒の評価をおこなっている。ベトナム語や算数なども同様であるが、英語教育の評価の仕方には大きく、授業態度や課題への取り組みに基づく①日常的な評価と、日常的な評価も勘案して一定の学

習期間の後で評価をおこなう②定期評価の2つにわけられる。教員は定期評価として一学期と二学期のそれぞれの中間と期末において評価結果総合表を作成し、「よくできている」、「できている」、「まだできていない」という3段階からなる学習評価をおこなう。こうした評価に加えて、各学期末には英語教科に関する期末試験がある。

　小学校において児童が進級するには、二学期末の評価結果総合表において英語を含むすべての教科で「よくできている」ないし「できている」の評価を受けるとともに、学年末試験で少なくとも5点（10点満点）を取得する必要がある。児童の評価は、通知表を介して保護者に通知される。通知表には児童の出生届が添付され、保護者に関する一般的な情報に加えて、各教科および教育活動に関する「観察」、「到達レベル」、「試験の点数」（該当教科）などが記載される。なお通知表における教科の点数は、定期評価の点数と各期末試験の点数を異なる比重をかけて合計を出し、それを満点が10点になるように割り出したものである。

▼▼▼ 第3節　学校教育における徳育

　ベトナムにとって、社会主義体制や共産党に忠誠を誓う社会主義の自覚をもった国民を育成するという点で、道徳教育の充実は一貫して重要な課題となっている。近年の政策のなかでも主要なものをみれば、2015年8月に政府首相により第1501号決定「2015年〜2020年段階における青年・少年・児童を対象とした革命理想教育、道徳教育、生き方教育の強化に関する提案の認可」が打ち出されている。そこでは若い世代に向けて革命理

表1. 第5学年の道徳教育における単元の内容

1	私は第5学年の生徒です	8	まわりの人と協力しよう
2	自分がしたことに責任を持とう	9	故郷が好きです
3	志をもってやり遂げよう	10	私の町の人民委員会
4	祖先に対する恩を忘れないで	11	私は祖国ベトナムが好きです
5	友情	12	私は平和が好きです
6	お年寄りを敬い、児童を大事にする	13	私は国際連合について理解しています
7	女性を尊重しよう	14	天然資源を守ろう

出所：教育訓練部『道徳5』より、筆者作成

想教育、道徳教育、そして生き方に関わる徳育のいっそうの強化の必要性が説かれている。

　ベトナムの普通教育カリキュラムにおいて、徳育は初等教育段階では「道徳」、中等教育段階では「公民教育」として週に1時間、年間35時間の体制で実施されている。このうち初等教育段階では、第1学年から第3学年は「道徳練習帳」を用いて道徳を学び、第4学年及び第5学年は教科書「道徳」を使用している。道徳教育の目標は大きく、①生徒が自分自身、家族、学校、地域社会、自然環境のなかで道徳的な行為と法律、そしてそれらの意義について年齢相応に理解できるようになること、②自分自身及びまわりのひとの行為を検討、評価するスキルを少しずつ身に付け、具体的な関係・状況のなかでどのように行動するべきかを選択し、実践できること、それから③自尊心を身に付けるとともに、ひとを好きになり尊重できるようになることにまとめられる。具体的に第5学年の「道徳」における単元内容を示せば、表1のとおりである。

　事例として表1の第3課についてみてみれば、ベトナムの新聞「青年」の記事が取り上げられ、ザーライ省プレイクの貧困家庭の出身のドン氏が、困難な環境に置かれながらも勉学に励み、ホーチ

ミン市国家大学自然科学大学を主席で卒業することができたことについて両親に感謝の気持ちを伝えるために電話をかけるというエピソードが紹介されている。このことと関連して、ホー・チ・ミンによる詩の暗記が求められている（「生きている限り、だれでも困難に遭遇する。しかし、志をもちそれを乗り越える努力をすれば必ずや成功する」）。このように第3課では貧困などの困難な境遇に打ち勝つ努力、勉学に励み社会的な成功を得ることが奨励されているが、他の単元においてもこうした「立身出世」と呼びうる「徳」が強調されている。

　また、中等教育において生徒が学習する「公民教育」は、主として道徳教育と法律教育の2つの観点から構成されている。このうち、道徳教育における各単元の内容は、自分自身や家族など身近な人間関係から出発し、地域社会、国家、人類全体との関係性に至るテーマを扱っているのに対し、法律教育は公民としての権利や義務、公民に対する国家の権利と責任に関する内容から、政治制度、ベトナム社会主義共和国の法制度に関する内容までが網羅されている。

　こうした徳育に関する評価のありかたは、初等教育と中等教育では異なっている。すなわち、小学校における道徳は各学期末の試験はなくその評価は主として授業への参加など日常的な評価によるものであるが、中学校における公民教育ではこうした日常的な評価に加えて、定期評価として各学期末に期末試験をおこない試験の点数を加味して評価がおこなわれる。

第4節　大学進学

　2015年にベトナムでは大学への入学者選抜制度の改革として、従来の全国統一型の後期中等教育修了試験と大学入学者選抜試験が「国家普通中学試験」に一本化された。現行の制度では、高等教育機関は自主裁量のもとで進学希望者に対して国家普通中学試験の点数に基づいて選抜をおこなうか、ないしは入学者選抜にあたって国家普通中学試験の点数を考慮せず、当該学生の第12学年時の成績や高等教育機関が独自に作成した試験問題や素質試験などの結果を用いて入学者の選抜をおこなうかどうかの選択ができるようになっている。

　ベトナムにおいて大学への進学にあたり重要となる基本的な原則は大きく、健康であること、及び後期中等教育課程を修了していることである。後期中等教育課程の修了は、主として国家普通中学試験の点数と第12学年時の成績の平均点によって決定される。具体的には、図3の式により与えられる点数が5.0点以上であり、かつ、受験対象の4つの試験科目（各10.0点満点）がいずれも1.0点以上である場合、後期中等教育課程を修了したとみなされ、高校卒業証書が授与される。なお第12学年時の成績平均点とは、後期中等教育段階において学習するすべての科目を対象として、通知表に記載される一学期のこれらの点数の平均点と、二学期の各科目の平均点を2倍したものとの和を3で除した数値である。

　多くの大学は入学者を決定するための主たる方法として国家普通中学試験の結果のみを使用している。受験生の大半が国

図3. 普通中学卒業評点

$$\frac{\left(\dfrac{\text{国家普通中学試験4科目の合計点数} + \text{奨励点（該当者）}}{4}\right)\times 7 + \left(\text{第12学年の平均点}\right)\times 3}{10} + \text{優先点（該当者）}$$

出所：2019年3月18日教育訓練大臣通達「国家普通中学試験及び普通中学の卒業承認に関する規則の修正・補填に関する通達」より筆者作成

家普通中学試験を大学入学者選抜試験としても受験しているため、現在のベトナムにおいて国家普通中学試験は国民的な行事として社会的な関心は極めて高い。

　国家普通中学試験において受験生は数学、語文、外国語（英語・ロシア語・フランス語・中国語・ドイツ語・日本語から1つを選択）の必修3科目の試験に加え、自然科学（物理・化学・生物）そして社会科学（歴史・地理・公民教育）の試験科目から1つを選び、少なくとも4科目を受験する必要がある。そのうえで、受験生は自分が志望する大学の学部等（専門分野）が設定する審査対象の試験科目の構成と基準となる点数に鑑みて受験登録書を作成する。現行の体制では、ベトナムの受験生は公立大学、民営大学を含めて3校まで進学希望を登録することができるようになっている。なお、国家普通中学試験の結果を用いる場合、受験登録の開始から合格者の発表に至るまで各手続きや日程は全国で統一されている。具体的には大学進学を希望する受験生は、第12学年の4月1日〜20日のあいだで、在籍中の高校の校長の指導のもとで国家普通中学試験の受験登録と志望大学の受験登録をおこなう。

第5節　日本語教育と日本語学校

　1993年にキエット首相が訪日して以来、日越両国の関係は緊密化しており、とりわけ近年では、日系企業の進出に加えて「ドラえもん」や「ドラゴンボール」をはじめとするマンガ・アニメなどの日本文化の浸透を背景に、ベトナムにおける日本語教育の需要はますます高まってきている。

　ベトナムにおいて日本語教育を実践する機関は大きく、国民教育体系に属する教育機関とそれ以外の日本語学校の2つにわけられる。表2によれば、日本語教育をおこなう機関全体のうち、就学者の過半数は日本語学校によって占められており、国民教育体系に属する学校のなかでは大学において最も多く日本語教育が実施されている状況である。なお、日本語学校はヌイチュク日本語学校やドンズー日本語学校など、日本への留学を前提とする相対的に短期集中型の日本語教育をおこなう類型と日本への留学を前提としない長期の日本語教育をおこなう類型とにわけられる。

　学校教育段階別にみると、まず初等教育段階での日本語教育は、2008年に打ち出された外国語プロジェクトに基づき2015年9

表2. 2018年度日本語教育機関調査結果

機関数	教員数	学習者数				
		初等教育	中等教育	高等教育	学校外教育	合計
818校	7,030人	2,054	26,239	31,271	114,957	174,521
		1.2%	15.0%	17.9%	65.9%	100.0

出所：　国際交流基金（ベトナム・2017年度）のデータに基づき、筆者作成。
https://www.jpf.go.jp/j/project/japanese/survey/area/country/2019/
vienam.html より2020年12月13日最終アクセス

月からハノイに位置する小学校4校（グエンズー小学校、クオントォン小学校、チューヴァンアン小学校、ゲートウェイ国際小学校）並びにホーチミン市の小学校1校（越豪小学校）において第3学年以上の生徒を対象に実験的に導入された。現在に至るまで、日本語教育をおこなう学校数は増加傾向にある。

　また中等教育では、2003年に「中等教育における日本語教育施行プロジェクト」が打ち出されたことで、中学校及び高校において第一外国語科目として日本語教育が実施されるようになってきている。当初、同プロジェクトでは課外学習として日本語教育がおこなわれることになっていたが、2005年から日本語は正式な外国語科目として教えられるようになり、ハノイのモデル校であるチューヴァンアン高校をはじめとして、日本語教育を実践する中等教育機関数は順次増加してきている。

　そして、ベトナムの大学における日本語教育の歴史は相対的に古く、1961年にハノイ貿易大学で日本語教育が開始されたことに端を発する。その後、1973年にハノイ外国語大学（現・ハノイ大学）、1992年にハノイ国家大学外国語大学並びにホーチミン市国家大学人文社会科学大学など、民営大学も含めて、現在では多くの大学に日本語教育を実施する学部・学科、それから教育センターが置かれている。なかでもベトナムの大手通信系企業FPTグループが設置したFPT大学では、日系企業の就職を視野に入れ日本語に通じたIT人材を育成すべく、情報技術を専攻する学生は同大学日本語学部が提供する日本語教育を履修することが必須となっている。

▼▼▼ おわりに

　これまでみてきたように現在ベトナムでは、グローバル化や市場化が急速に進められているなかで学校教育における英語や日本語をはじめとする語学教育がいっそう重要になってきている。こうした教育はベトナムが経済的な競争力を高め国際社会に伍していくためのエンジンとして必要であるが、それと同時にベトナムの学校教育では、国民や民族としての文化を伝達し、共産党による社会主義体制の維持と強化につながる徳育も重要視されているのである。ベトナム人という国民性を涵養するための教育と「グローバル市民」を育成するための教育とがどのようなバランスのもとでなされていくのか、今後のベトナム教育に対するいっそうの注視が必要であろう。

【引用・参考文献】
1. Harman, G., Hayden, M. and Pham Thanh Nghi (eds.). *Reforming Higher Education in Vietnam: Challenges and Priorities.* Dordrecht: Springer, 2010.
2. スローパー、デイヴィッド、レ・タク・カン編、大塚豊監訳『変革期ベトナムの大学』東信堂、1998 年。
3. 関口洋平『現代ベトナム高等教育の構造：国家の管理と党の領導』東信堂、2019 年。
4. 関口洋平、近田政博「ベトナムの高等教育戦略：市場化と国際化を進める社会主義国」『カレッジマネジメント：特集　未来の学生を育む高校の改革』リクルート、第 213 号、2018 年、56 ～ 59 頁。

6 フィリピン

2010年代の教育改革の成果を待つ

私立学校の下校時、教科書やワークブックが詰まったキャリーバッグを引く生徒。家族やメイドが迎えにくる（筆者撮影）

キリスト教系私立学校の敷地内で行われる給食プログラム（3節参照）。奥に聖母像が見える（筆者撮影）

はじめに

　19世紀末まで300年以上のスペイン植民地支配に由来し、宗教ではカトリックが多数派である。一方イスラームを信仰する人びとも数％おり、その集住するミンダナオ島南西部やスルー諸島では宗教対立を背景とする紛争や低開発の問題から公教育の普及にも遅れがみられる。

　言語は100以上あり、そのうち主要言語の一つタガログ語を基盤として国語（Filipino）を開発・普及させる政策がとられている。他の言語集団からの反発もあるが、公教育やテレビ放送を通じ、一定程度の定着をみている。また国語とともに、20世紀前半のアメリカ植民地期以来、英語も公用語とされている。法令、行政、ビジネスや大学ではもっぱら英語が使われ、英語の能力が個人の社会的成功を左右する。多くの親が、安くない学費を払ってでも私立学校で子どもを学ばせたいと望む理由の一つが、充実した英語教育である。このように、公教育には植民地期の遺制がなお残っている。

第1節　概要

　初等教育は6年制で、1940年に最初の4年間が、1953年に全体が義務化された。しかし普及は十分といはいえず、2017年度の純就学率は94.2％である。地域間格差もある。全国は首都圏（National Capital Region:NCR）を含め17の行政地方に分けられるが、そのなかでムスリム・ミンダナオ自治地域（Autonomous

Region in Muslim Mindanao:ARMM）が72.6％と低く、他の地方がいずれも90％代なのと開きがある。残存率（小学校入学者のうち所定年数で最終学年に達した割合）は全国では93.8％なのがARMMでは67.8％である（2016年度。データは教育省で提供を受けた。なおARMMは現在、領域・自治を拡大したバンサモロ・ムスリム・ミンダナオ:自治地域（Bangsamoro Autonomous Region in Muslim Mindanao :BARMM）に移行している）。

　中等段階は長年４年制で、大学進学までは他の多くの国より２年短かったが、先頃「K-12プログラム」（読み方は"K to twelve"）と呼ばれる大規模な基礎教育改革によって６年に延長され、義務化された。最初の４年間が"junior high school: JHS"、追加された２年間が"senior high school:SHS"とされた。2012年度に第１学年と７学年（それぞれ初等・中等段階の１年目）でK-12の新カリキュラムが開始された後、毎年次学年に導入されて2017年度に完成年度を迎えた。

　SHSの生徒は共通のコア科目のほか、進路（track）ごとに異なる科目の授業を受ける。進路には「アカデミック」「技術・職業・生計」「芸術・デザイン」「スポーツ」の４つがある。前２者は、さらに複数のコース（strand）に分かれる。どの進路・コースを提供するかは各SHSが決定しており、必ずしもすべての進路・コースは提供されていない。生徒によっては、希望の進路・コースを提供するSHSが近隣でみつからないこともある。

　なお「K-12」の"K"が指す幼稚園（kindergarten）も改革の対象で、小学校入学前の１年間が義務化され、これを含む13年間が基礎教育とされる。

　伝統的に私立が中心の高等教育でも、国公立大学の無償化

というあらたな政策が2018年度から開始され、フィリピン人学生の授業料その他の学費が免除されることになった(すでに学士号を有する者や所定年限を超えて在学する者などは除く)。私立大学の学生に対しても、国公立大学の授業料相当額が補助されることが定められた。

　なお基礎教育は教育省、高等教育は高等教育委員会(Commission on Higher Education:CHED)が管轄する。この他に技術教育技能開発庁(Technical Education and Skills Development Authority:TESDA)が、中等教育以降の職業教育を管理し、また成人向け職業教育を行っている。日本語学校はTESDAの管轄である。

▼ 第2節　公教育のなかの言語

　学校での言語の扱い(言語科目と教授言語)は長年の争点である。国語推進者は「民族語」の発展を求め、英語能力の有無による階層の分断を批判して国語の使用を追求し、英語教育推進者は国際的な競争力のために必要であり、雇用機会につながるため人びとの希望があると主張する。地域語支持者は、英語や(非タガログ語圏では)国語による教授よりも教育効果があり、また教室では英語・国語中心の教授言語規定は実際には遵守されていないと主張してきた。

　基礎教育の教授言語は、1974年以来「英語」と理数系科目では英語、それ以外の科目では国語であり、小学校1・2年生では地方語(regional language)が補助教授言語とされてきた。科目としては「英語」「国語」が全学年で教えられてきた(実質タガ

ログ語以外のフィリピンの言語の科目はなかった）。しかしこの長年のバイリンガル教育政策も変更され、K-12の一環である「母語を基礎とする多言語教育（Mother Tongue-Based Multilingual Education: MTB-MLE）」があらたに開始された。新設科目「母語（Mother Tongue）」で、主要な12の言語が、第1～3学年で2012年度から教えられることになった。これらの母語は第3学年までの教授言語ともされた（第4学年からは国語と英語で教授される。また「英語」「国語」は全学年当該言語で教授でされる）。翌年、さらに7言語が教授言語に追加された。

　MTB-MLEによって、初等段階では母語により重きがおかれることになったが、これにより英語と国語の地位が相対的に低下したとみることができる。新設科目の「母語」に1日あたり50分が割り当てられたのに対し、「英語」は旧課程の60～90分から30～50分に、「国語」は60～70分から30～50分にそれぞれ短縮された。

　ところで公用語であり初等段階から教授言語の一つである英語は、外来語ではあっても特別な地位にあり、公教育において「外国語」として扱われてこなかったようにみえる。その一方、英語が通用することで、「外国語」教育は必ずしも重視されてこなかった。そうしたなか中等段階で2009年度から開始された「外国語特別プログラム（Special Program for Foreign Languages:SPFL）」が注目される。これはすべての学校ではなく限られた数のパイロット校で行われるもので、初年度にスペイン語、フランス語と日本語の教育が開始され、2011年度にドイツ語、2012年度に中国語が加わった。それぞれインスティトゥト・セルバンテス、アリアンス・フランセーズ、国際交流基金（Japan Foundation Manila:JFM）、

ゲーテ・インスティトゥート、孔子学院という、各言語の対外普及に携わる機関の協力を得て行われている。2017年には韓国語の導入が決定された。2012年度から、このSPFLを含む6つの特別カリキュラム・プログラム(Special Curricular Programs)をもって、JHSの必修科目の「技術・生計教育(Technology and Livelihood Education)」に替えることができるとされた。これにより、SPFLは、選択制ながら中等教育課程の内に位置づけられるようになった。

第3節　道徳教育

　K-12では「道徳(Edukasyon sa Pagpapakatao:EsP)」科目が小学校とJHSの全学年で教えられる。EsPのねらいは「青少年を訓練し公共善に向け責任ある判断と行動をするようにする、すわなち一人ひとりの生徒の人間的道徳を育成し発達させる」ことであり、それは(a)理解、(b)内省、(c)相談(pagsangguni:知識・経験ある者に指導・助言を求める)(d)決断、(e)行動の5つの能力を身につけることであるという。そして全学年を通じ、次の4つの基礎能力を育成するという:(a)自身への責任と、家族の良き一員となること、(b)仲間意識、(c)国家の発展と世界の連帯への参画に向けた行動、(d)神への信頼と愛と、善への態度。憲法で政教分離が定められてはいるが、「神(Diyos)」という言葉はEsPに関する教育省文書でしばしばみられ、各学年の標準内容の記述では10学年のうち6学年で使われている。

　なお、EsPは倫理(etika)と職業指導(career guidance)の2つの領域に基づくという。職業指導は、「生徒がアカデミック、

芸術、スポーツか技術職業を、その才能、能力、適正と産業界の求める職業に沿って選択するための指導」とされ、SHSでの進路（track）分岐が意識されている。特に9年生の標準内容には「社会と奉仕としての仕事について理解させ、自身と社会にとって有意義で有用となるような、課程と職業の正しい選択に導く」と記されている（Kagawaran ng Edukasyon 2016: 2-6）。

またEsPとは別に、公立学校では、宗教団体が教師を派遣して自宗派の生徒に宗教教育を行うことが認められている（週あたり90分まで）。生徒にとって進学や卒業のために必須ではなく、また宗教教師の派遣されない学校ではもとから生徒に受ける機会がないが、カトリック教会の場合、首都圏ではすべての公立学校に教師を派遣しているという。これに加え、カトリック教会の司祭が定期的に公立学校でミサを行う事例が散見される。

キリスト教系の私立学校では、しばしば、本来行われるべきEsPの一部または全部が「宗教」科目で代替される。教育省は是正を指導しているが、なかなか改められないようである。授業以外にも、日本の宗教系私立学校と同様に、ミサなどの宗教儀式が行われる。またこれらの学校の多くでは、生徒は「富裕層」家庭出身であるが、奉仕と社会体験を目的に、近隣の貧困層のための給食プログラムなどが必須の活動として行われる。給食プログラムであれば、事前の生徒による調理を「家政」科目に位置づけるなど、「道徳／宗教」に限定されない合科的な取組みもみられる。

図 1. SHS 成績表の例

REPUBLIC OF THE PHILIPPINES
DEPARTMENT OF EDUCATION
SENIOR HIGH SCHOOL STUDENT PERMANENT RECORD
SF10 - SHS
DepED

LEARNER'S INFORMATION

LAST NAME: ___ FIRST NAME: ___ MIDDLE NAME: ___
LRN: ___ Date of Birth (MM/DD/YYYY): ___ Sex: ___ Date of SHS Admission (MM/DD/YYYY): ___

ELIGIBILITY FOR SHS ENROLMENT

☐ High School Completer* Gen. Ave: ___ ☑ Junior High School Completer Gen. Ave: ___
Date of Graduation/Completion (MM/DD/YYYY): ___ Name of School: ___ School Address: ___
☐ PEPT Passer** Rating: ___ ☐ ALS A&E Passer*** Rating: ___ ☐ Others (Pls. Specify): ___
Date of Examination/Assessment (MM/DD/YYYY): ___ Name and Address of Community Learning Center: ___
*High School Completers are students who graduated from secondary school under the old curriculum ***ALS A&E - Alternative Learning System Accreditation and Equivalency Test for JHS
**PEPT - Philippine Educational Placement Test for JHS

SCHOLASTIC RECORD

SCHOOL: CLARO M. RECTO HIGH SCHOOL - SHS   SCHOOL ID: 340581   GRADE LEVEL: 11   SY: 2017-2018   SEM: 1ST
TRACK/STRAND: ACADEMIC TRACK/STEM   SECTION: A

Indicate if Subject is CORE, APPLIED, or SPECIALIZED	SUBJECTS	Quarter		SEM FINAL GRADE	ACTION TAKEN
		1ST	2ND		
Core	Oral Communication	92	95	94	PASSED
Core	Komunikasyon at Pananaliksik sa Wika at Kulturang Pilipino	91	94	93	PASSED
Core	General Mathematics	99	99	99	PASSED
Core	Earth Science	89	94	92	PASSED
Core	Introduction to the Philosophy of the Human Person/Pambungad sa Pilosopiya ng Tao	91	93	92	PASSED
Core	Personal Development/Pansarling Kaunlaran	97	98	98	PASSED
Core	Physical Education and Health	93	97	95	PASSED
Specialized	General Chemistry 1	94	94	94	PASSED
Specialized	Pre-Calculus	99	97	98	PASSED
	General Ave. for the Semester:			95	PASSED

REMARKS:
Prepared by: ___ Certified True and Correct: ___ Date Checked (MM/DD/YYYY): ___
___ SANTO ___ MERLE ___ NGON, PRINCIPAL II

出所：当該学校からサンプルとして提供を受けた
注：生徒の成績表のサンプルから氏名等を削除した

▼▼ 第4節　成績評価

　SHSの成績表のサンプルを図1に示す。一番上は、生徒に関する情報である。LRN（Learner Reference Number）は、基礎教育段階の生徒一人ひとりに割り当てられる12桁の数字で、生徒のIDにも記されている。

　次に、入学資格（JHS卒など）が記載されている。PEPT（Philippine Educational Placement Test）は、ホームスクーリングや退学者で就学・復学しようとする者がどの学年相当の知識・技能をもつかを評価する試験である。A&E（Accreditation and

図2. 大学の成績証明書の例

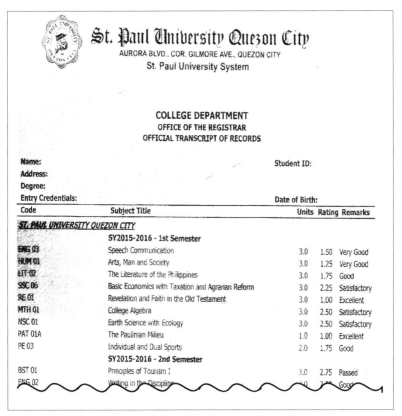

St. Paul University Quezon City
AURORA BLVD., COR. GILMORE AVE., QUEZON CITY
St. Paul University System

COLLEGE DEPARTMENT
OFFICE OF THE REGISTRAR
OFFICIAL TRANSCRIPT OF RECORDS

Name:　　　　　　　　　　　　　Student ID:
Address:
Degree:
Entry Credentials:　　　　　　　Date of Birth:

Code	Subject Title	Units	Rating	Remarks
ST. PAUL UNIVERSITY QUEZON CITY				
	SY2015-2016 - 1st Semester			
ENG 03	Speech Communication	3.0	1.50	Very Good
HUM 01	Arts, Man and Society	3.0	1.25	Very Good
LIT 02	The Literature of the Philippines	3.0	1.75	Good
SSC 06	Basic Economics with Taxation and Agrarian Reform	3.0	2.25	Satisfactory
RE 01	Revelation and Faith in the Old Testament	3.0	1.00	Excellent
MTH 01	College Algebra	3.0	2.50	Satisfactory
NSC 01	Earth Science with Ecology	3.0	2.50	Satisfactory
PAT 01A	The Paulinian Milieu	1.0	1.00	Excellent
PE 03	Individual and Dual Sports	2.0	1.75	Good
	SY2015-2016 - 2nd Semester			
BST 01	Principles of Tourism I	3.0	2.75	Passed
ENG 02	Writing in the Discipline	3.0	1.00	Good

出所：当該私立大学からサンプルとして提供を受けた
注：私立大学の学生の成績表のサンプルから氏名等を削除した

Equivalency）は、既存の学校教育に対応する教育内容を退学者や未就学の成人に提供するALS（Alternative Learning System）の、修了認定試験である。

　その次に1学年目（LEVEL:11）の1学期（SEM:1ST）からの学期ごとの成績一覧が続く。その左上に学校名と生徒の進路・コース（この生徒はSTEM: Science, Technology, Engineering and

Mathematics)が記載されている。

　公立学校の成績算出方法を記す。まずトピックや単元ごとの小テストやレポートなどの筆記（written work:WW）、創作物や実演などの実技（performance tasks:PT）、四半期ごとの客観テスト／実技による評価（quarterly assesment:QA）の3要素の100点満点の点数を加重平均する。SHSでは、各要素の重みは進路と科目群（コア科目、実技系など）により異なり、WW20〜40％、PT40〜60％、QA20〜30％である。この加重平均値を所定の変換表にあてはめて、各科目の四半期（quarter）の成績が算出される。変換後の数字は60から100まで1刻みで、加重平均値の0〜4が60に、100が100に変換される。四半期の成績の平均が学期（semester）の成績となる。75以上が合格（passed）とされる。一覧の一番下に全科目の単純平均（General Ave.）が記される。

　大学の成績証明書のサンプルを図2に示す。大学によって、また時期によって、評定はアルファベットの場合もある。

　なお卒業証書や成績証明書の偽造ビジネスが比較的「手軽」に利用され、マニラ市サンパロック地区の大学街に多く集まっている。試みに筆者の名前で名門私立大学教育学科のものを注文したところ、1,200ペソ（2019年当時で約2,500円）の支払いで所要1時間ほどで出来上がった。当該大学教員の知人にみてもらうと、地紋や紙質は本物と見分けがつかないが、サイズや印章が旧様式なため関係者であれば偽造と分かるが、一般の人が見分けるのは難しそうで、学籍係に照会するのが確実であるとのことであった。

▼▼▼ 第5節　日本語教育・日本語学校

1.　中等教育

　基礎教育での日本語教育はこれまでごく限定的であったが、先述のように2009年度からSPFLで日本語が教えられ始めた。これは他の科目を教える一般教員が、日本語教師としての養成を受けて日本語も教えるもので、教育省とJFMが協力して進めている。教育省が学校と教員を選定し、JFMが教員養成・教材開発を行う。教員への手当などは教育省が支給する。

　2009年度にはNCRの11校で19人の教員が約1,350人の生徒を教えた。その後学校数、生徒数ともに増加し2019年度には130人の教員が養成を受け、57校で4,000人以上の生徒が日本語の授業を受けている。地域も拡大し、2011年にはパンガシナン州（地方1）とセブ州（地方7）、2013年にはダバオ市（地方11）の高校で、日本語の授業が開始された。2019年には地方3、4-A、5、6、8、10およびコルディリェラ行政地方が加わり、NCRを含め11の地方の学校に日本語教育が広がった。

　筆者が2019年9月に訪問したNCRのマニラ市の学校（生徒数1,690人）では、日本語教師は科学の教員1名であった。彼女がマニラ市内の他校から異動してきたことで、この学校は2018年度から日本語の授業を始めることが認められた。生徒は7年生15人と8年生15人で、合同して1クラスで、2年間コースの1年目の授業を受けていた。時間は50分が週5回であった。翌年にはこのクラスはコース2年目に進む予定だが、彼女はあらたにコース1年目のクラスも始めたいと考えており、負担軽減のため他の教員

にも日本語教師の養成を受けてほしいと希望していた。マニラ市では、彼女の前任校を含め他に2校で日本語が教えられているが、2校とも教師は複数いるとのことであった。

　JLMによる現役フィリピン人教員への日本語教師養成は、2009年から19人に対して行われた第1期の後、2010年、2013年、2016年からも行われ、2019年に第5期が開始されている。これまでは5週間の夏休み集中コースのあと学期中に月1回週末に研修を行うことを3年繰り返して修了するプログラムであったが、第5期から2年に短縮された。プログラム修了時に10日間の日本体験旅行が行われる。

　JLMはSPFL開始時に、独自の教材『enTree:Halina! Be a NIHONGOJIN!!』（"halina"は複数の聞き手への招待の呼びかけ）を開発した。これは教師用指導書、生徒用ワークシート、授業用フラッシュカードやCD等、評価用キット類と現物教材（書道用具や浴衣等）からなる。指導書等は主に英語で書かれており、ローマ字やひらがな表記の日本語が一部挿入されている。内容は日本語教育だけでなく、日本の文化・社会についても多くの部分を占める。1年あたり16課で2年間の構成である。

　enTreeはそれのみでフィリピン人教員が授業を行うことができるように設計されており、実際にこれを用いた授業が行われていることから、SPFLでの授業は、幅広く日本の文化・社会理解を目指す一方、教えられる日本語の水準は必ずしも高くない。教師養成では、第3期まではもっぱらenTreeが使われていたのが、第4期からは『まるごと』、第5期からは市販の日本語能力試験準備用教科書も使われ、より高い日本語能力が目指されるようになったが、まだ実用的な日本語教育の水準とはいいがたい。

2. 高等教育

　SPFL 以前、公教育では大学が日本語教育の中心であったが、そこでは「日本研究」や「日本語・日本研究」の一部として日本語教育が組み込まれているにすぎず、言語専門のプログラムではない。背景には、英語が通用する分、他の言語習得の必要性が認められないことがある。大学教育につながらないことが、高校生に日本語学習意欲の広がらない一因であるとの指摘もある。

　これまでのところSPFLはJHSのみで、SHSでは行われないこともあり、SPFLと大学の間で日本語教育の接続はなく、大学生は通常、入門編の授業から受け始める。例えばアテネオ・デ・マニラ大学の日本研究プログラムの場合、（一定人数の履修者がいれば）最長で6学期目まで日本語の授業が受けられるが、通常は4学期までとのことであった。こうしたなか日本語教育に力を入れていることで知られるのがミンダナオ国際大学（Mindanao International College）である。日本人社会の歴史の長いダバオで現地の日系人会を背景に2002年に設立された。隣接するフィリピン日系人会国際学校でも、幼稚園からSHSまで日本語の授業が行われる。

　なお「日本研究」などのプログラムのない大学でも、すべての学士課程で「外国語」3単位が必修で、その選択肢に「日本語」が含まれることがある。

3. 日本語学校

　日本語学校は玉石混淆だが、そのなかで「老舗」として中・上級までの日本語教育を提供するのが、大使館付属日本語学校を継承した日本語センター（Nihongo Center）で、設立には実質

日本支配下の「独立」共和国大統領の子で元駐日大使ラウレル3世(Laurel, Jose S. III 1914-2003)の助力もあった。

　同校はマニラ市サンパロック地区の4階建ビルと、マカティ市のビジネス街のビルの一角で開校している。マニラ校は150人収容の寮を備える。生徒は高校・大学生から会社員までおり、学期ごと履修者の合計は年700〜1,000人程度である。また人材会社の依頼で特定技能ビザのため10人前後のグループにN4合格を目指すなどのオーダーメイドの授業も行う。さらに同校は日比経済連携協定(EPA)で渡日する看護師・介護福祉士候補者に対する日本語予備教育事業をJFM・TESDAとともに担っており、毎年11月から翌年5月まで、平日昼間の授業と寮が一杯になる。

▼▼▼ おわりに

　2010年代に野心的な教育政策が打ち出されたが、予算措置をはじめ、どこまで実質的に施行されるか、注視していく必要がある。これまでも初等教育は1953年、中等教育は1988年に無償と定められたが、教育省は今でも毎年のように全国の学校に強制的な寄付の禁止(no collection)の注意喚起をしている。さらに、雑費等が負担できても交通費(pamasahe)や弁当(baon)がまかなえなくて学校に子どもを通わせられない家庭があるという指摘もある。MTB-MLEでも、教員を含め教室内の全員の母語が共通でない場合には、引き続き英語と国語が使用されるのではないかとの声も聞かれる。私立学校の場合「生徒の母語が英語である」として、規定よりも多くの場面で英語が使われるという。また、社会全体ではK-12以前の10年の基礎教育経験者の方がなお

多数派であることにも注意を要する。

【引用・参考文献】

1. 石田憲一「フィリピンにおける中等教育カリキュラム改革の特色と課題」『純心人文研究』23号、2017年。
2. 市川誠「小学校における英語科教育に関する研究：フィリピンの教育経験の日本への示唆①」『立教大学教育学科研究年報』63号、2020年。
3. 遠藤聡「フィリピンの幼稚園教育法」『外国の立法』No.253、2012年。
4. 岡部正義「高等教育無償化へ大きく舵を取るフィリピン」『IDEスクエア』日本貿易振興機構アジア経済研究所、2017年10月。
5. 国際交流基金「フィリピン(2017年度)」日本語教育 国・地域別情報 https://www.jpf.go.jp/j/project/japanese/survey/area/country/2017/philippines.html（2020年1月7日閲覧）
6. 日本語センター http://www.nihongocenter.com（2020年1月7日閲覧）
7. 山内乾史・杉本均編『現代アジアの教育計画（下）』学文社、2006年。
8. Department of Education, "Department Order No. 8 s. 2015", Apr. 2015.
9. Kagawaran ng Edukasyon, "K to 12 Gabay Pangkurikulum: Edukasyon sa Pagpapakatao: Baitang 1-10", May 2016.

7 カンボジア

SGDs 時代における新しい教育的取り組み

バンティアイ・ミアン・チェイ州に近年設立された私立国際学校
Apple International School の正面。英語教育は、タイ＝カンボジア国
境の町ポイ・ペトにおいても人気を集めている（筆者撮影）

タケオ州にある中等学校の ICT 教育の一コマ（筆者撮影）

はじめに

　2015年、国連で採択された持続可能な開発目標（Sustainable Development Goals、以下SDGs）は、2030年までに貧困を撲滅し、持続可能な社会を実現しようとする世界目標である。カンボジア教育・青年・スポーツ省（Ministry of Education, Youth and Sport、以下MOEYS）は教育とかかわるSDGsの目標4すなわち、すべての人々に包括的かつ公平で質の高い教育を提供し、生涯学習の機会を促進することを重要視しており、国内の最重要教育課題に位置付けている。すべての人々に公平で質の高い教育を提供するという命題は、ポル・ポト政権崩壊後から一貫した国家再建政策上の重要課題の一つである。1975年から1979年の間、極端な原始共産主義体制を目指したポル・ポト政権は、大学や小中高校の教員などを含む知識人を思想的な敵とみなし、粛清の対象とした。その結果、教育を提供する人材が著しく欠如し、学校教育そのものの停止さえ余儀なくされたことは、今もってカンボジアの教育発展に暗い影を落としている。

　ところでSDGs4には、公平（equity）と包摂（inclusion）という視点が盛り込まれており、カンボジアにおいても、貧困層や女子など社会的弱者に教育機会を平等（equality）に与えようと試行錯誤を繰り返してきた。ただし、機会を平等に与えるだけでは、教育結果の公平（equity）には必ずしも至らないという側面もある。そこで、近年では結果の公平を考慮した取り組みがなされている。経済的貧困にある子どもたちに奨学金を提供し、学校教育へ呼び込もうとする政策はその一例である。2015年から3年間、試験

的に多言語教育政策がモンドルキリ州、ラタナキリ州、クロチェ州、ストゥン・トレン州において実施された。この政策は、少数民族の子どもたちを基礎教育から取り残さないことをねらいとしている。たとえば、モンドルキリ州に暮らす山岳少数民族Bunongのコミュニティにおいて、パイロット・プログラムとして指定をうけた一部の幼稚園および小学校では、Bunong語を教授言語としながら教育を行うという試みが実施された（UNICEF 2019, 5）。経済的・言語的・民族的マイノリティを国民教育の枠組みに組み込もうとする包摂的な教育実践が増えていることは、カンボジアの教育が量的な拡大を図ることにくわえて、質的な向上を目指す段階に来たことを示している。本章では以下、内戦以降のカンボジアの教育の動きについて述べる。

▼▼▼ 第1節　教育制度の概要

　内戦終結後、新政府は早急に教育制度を整備する必要性から1979年から1986年まで4・3・3制（10年制）を採用した。1987年から1996年には、5・3・3制（11年制）へと修業年限を1年引き上げた。1996年には、小学校の修業年限をさらに1年間伸ばし、6・3・3制（12年制）を導入し、現在にいたっている。現行の学校制度は、小学校6年間（6歳〜11歳）、前期中等学校3年間（12歳〜15歳）、後期中等学校3年間（16歳〜18歳）の教育課程を採用している。フランス植民地時代の名残りから前期中等学校をコレージュ（College）、後期中等学校をリセ（Lycee）と呼び、リセはコレージュを含む中等教育学校を指す場合もある。カンボジア王国憲法では小学校と前期中等学校を合わせた9年間を無償義務教育とす

ることを定めている。週6日制であり、公立学校はセメスター制（2
学期制）を採用しており、1学期（10月1日〜2月中旬）、2学期（2月下
旬〜7月下旬）である。ただし、私立学校では3学期制やクォータ制
を採用しているところもある。公立学校では4月にクメール正月を
迎える短期休暇があり、7月から9月までが長期休暇となる。私立
の国際学校およびバイリンガル学校を除き、公立小学校から高等
教育において教授言語はクメール語である。宗教教育は行われ
ていない。

　カンボジアの公立学校では自動進級制を採っておらず、児
童・生徒は進級のために年間3種類の試験、すなわち月末試験
（monthly tests）、学期末試験（semester examinations）、学
年末修了試験（completion examinations）を受けることになっ
ている。進級のためには、これらの試験において50％以上を取
得する必要がある（Maeda 2019, 3-4）。出席日数も進級要件で
ある。試験において50％以下の成績または出席日数不足の場合
は、基本的に原級留置となる。月末試験は担任が作成、試験監
督、採点を行う。学期末試験は年間2回、5日間かけて行われる。
試験問題の作成、試験監督、採点は各学校である。ただし、6年
生、9年生、12年生の学期末試験は、各州の教育局（Provincial
Offices of EducationもしくはDistrict Offices of Education 以
下、POEおよびDOE）の職員が監督にあたる。中学校修了時に実
施される国家中学校修了試験（G9 national completion exam-
ination、以下G9試験）は各学校において2日間行われ、POEおよ
びDOEの職員が試験監督にあたる。近年、カンボジアでは進級
試験においてカンニング等の不正行為が社会問題として注目を
集めており、試験実施の厳格化が図られている（ibid, 3-4）。

　高等教育に関しては、カンボジアでは1997年に国内最初の私立高等教育機関が設置され、高等教育のプライバタイゼーションが始まった。2002年に高等教育機関設立法が成立し、私立高等教育機関は2018年までに77校にまで増加した。国立高等教育機関は同年までに48校となり、私立と国立を合わせて125校となっている（MOEYS 2019, 40）。およそ22万人が在籍しており、2018年度の就学率は11.6％であった。

1.　小学校

　2016年度、全国の小学校に就学する児童は2,022,061人（女子974,231人）であり、就学率は97.8％であった。就学率の内訳は女子98.1％に対して男子97.6％であり、女子の方がわずかに上回った（MOEYS 2019, 27）。修了率に目を向けてみると82.7％と就学率に比べて低く留まっており、在籍児童のうち15％が卒業をまたずにドロップアウトしている。カンボジアの小学校は、午前と午後に児童を入れ替える2部制が一般的であるが、たとえば終日制を整備する隣国のタイ公立学校と比較して学習時間が短い点が指摘されている（羽谷＆森下2020）。小学校は6年制だが、実のところ農村部では6学年に満たない不完全学校（disadvantaged schools）も少なくない。

　小学校で学習するのは10教科、すなわちクメール語、算数、理科、コンピューター、社会、芸術教育、体育、保健、外国語、ローカル・ライフ・スキルである。1教科あたり40分であり、1日5教科時間（40分×5科目）が授業時間として設定されている。なお、ローカル・ライフ・スキルは2004年から導入された「地域に根差した生きる力プログラム（Local Life Skills Program）」の後継教科である。当時は

選択教科であったが、現在では必修教科として位置づけられている。児童が農業、ボランティア活動、手芸などの広く社会活動に関する知識とスキルを獲得することをねらいとしている。

2. 中学校

　全国の中学生数は2016年度585,971人（女子303,645人）であった。就学率は59.2％（女子63.4％）、修了率は46.5％（女子51.1％）であり、小学校の就学率・修了率と比較するとおよそ40％低い（MoEYS 2019, 33）。退学率は16.6％（女子14.2％）であった。この問題への対応策として、貧困家庭への奨学金支給制度を実施し、2018年度72,071人の中学生が政府奨学金を受給した（MoEYS 2019, 34）。進路・キャリア相談などのサポート体制も整えられ、2018年度全国35中学校においてキャリア・ガイダンスを実施し、退学率を抑える試みが講じられた。

　中学校で学ぶ教科は、クメール語、数学、理科（物理、地球環境科学、化学、生物）、社会（歴史、地理、道徳・公民、家庭科）、情報・コミュニケーション・テクノロジー（ICT）、外国語、芸術教育、体育、保健、ローカル・ライフ・スキルの10教科である。1科目につき50分、一日あたり4−7教科時間学習する。小学校と比較して特徴的なのは、中学校段階においてICT教育が新しい教科として導入されている点である。小学校4年生からコンピューターの授業は開始されるが、本格的にICT教育が開始するのは7年生以降である。ICTが注目を集めるのは、カンボジアが2030年までに中所得国、2050年までに高所得国入りを目指している国家成長戦略やアセアン統合に伴うICT分野の需要の高まりを反映している。

3. 高校

　全国の高校生数は2016年度279,480人（女子143,460人）であった。就学率は28.5％（女子30.9％）であり、小中高と比較するなかで一番低い。高校段階において学習する教科は14教科に増加し、クメール語、数学、外国語、体育、家庭科、物理、地球環境科学、化学、生物、歴史、地理、道徳・公民、ICT、保健である。カンボジアの小学校から高校において一貫して取り入れられている教科に体育と保健があり、性感染症、薬物利用、疾病、栄養失調などによる健康損失といった現代的な問題の点から、ヘルスケア、医療、公衆衛生を含む体育と保健は重要教科として認識されている。

第2節　外国語教育

　2005年に策定された国家カリキュラムにおいては、学校の自由裁量で英語またはフランス語を担当する外国語教員を採用するなど、その対応は各学校にまかされており、外国語の授業は全国で統一的に行われる状況にはいたっていなかった。しかし、2015年に作成された国家カリキュラムによると、外国語の取り扱いについては以下のように変化している。すなわち、小学校1年生から開始する外国語学習のLiving language 1という履修パターンにおいては、児童が自分の希望に応じて英語もしくはフランス語のどちらかを選択することができる。その後、高校修了までの12年間、当該言語を学習することが定められている。他方、中学校から開始される外国語学習のLiving language 2という履修パターンにおいては、Living language 1において選択した言語と

は異なる言語を選択することとなっており、これによって、児童・生徒は英語とフランス語の両言語を学習する機会が保障されている（MOEYS 2015, 7）。

　ところで、英語もしくはフランス語学習の強化を図ろうとしたのは近年のことであるが、英語学習をカリキュラムに据えた私立学校の台頭はおよそ10年前から見られる。プノンペン市内において人気を集めているパンニャサ大学附属中学校・附属高校のように、英語を教授言語とする自国民向け国際学校は増加傾向にある。国際学校は首都プノンペンに設置されるだけにとどまらず、たとえばタイのサケオ県と国境を接するバンティアイ・ミアン・チェイ州ポイ・ペト市内においても過去数年の間に8つの私立国際学校（初等―中等段階）が相次いで設立された。ポイ・ペト在住の子どもが通学するだけでなく、タイ側に居住しているカンボジア児童がこれらの私立学校へ越境通学している事例もある[1]。毎日国境を越え、タイからこれらの私立学校へ通う子供は、2015年現在、総勢466人（男子321人、女子145人）であった。英語学習の波は首都から地方都市へと広がりを見せている。

▼▼▼ 第3節　道徳教育

　伝統的にカンボジアでは、道徳や公民とかかわる社会文化的な価値、倫理、規範は寺院(wat)において学ばれてきた。寺院における道徳や公民の学びは、人格形成や精神的成長を促すものとして僧侶から教えられた。政治体制が変わり時代が移り行くなかで、道徳・公民は、時の政権のプロパガンダを伝達する装置として利用されることもあった。1979年に樹立したヘン・サムリン率

いる政府は、「道徳と政治」を学習教科の一つに位置付け、革命、闘争、社会主義など政府の政治理念と深くかかわるテーマを扱った（羽谷 2010）。

他方、2005年に策定された国家カリキュラムのなかで道徳・公民教育に関しては、「判断と責任」（judgment and responsibility）、「平等と他者の権利の尊重」（equality and respect for others'rights）、「能動的な市民」（active citizens）などが重要な価値として示された（MOEYS 2005, 5）。学校現場において教師は、このような規範を生徒に示すロール・モデルとしての役割を担うが、限界があるという指摘もある（前田 2012）。例えば、小学校6年生の学年末修了試験において、30ドル払えば卒業させることを担任が児童に告げるなど教育汚職・不正行為は後を絶たず、カンボジアにおいては、モラルや清廉性とかかわる理念と現実の間には、大きな乖離が見られるという指摘もされている。

ところで近年、異文化を理解・尊重し、他者と共生するための知識、能力、態度の育成をめざす市民性教育（citizenship education）が注目を集めている。アジアにおいても市民性教育は広がりを見せ、カンボジアにおいても社会問題に対して自ら能動的に行動する若者（active citizen）の活動が見られる。たとえば、2013年の国民議会議員選挙が実施された際、集会や街頭宣伝活動に非常に多くの若者が積極的に参加し、なかには選挙権を持たない高校生も参加したという（山田 2014,6）。社会変容に積極的に関わろうとする若い市民の萌芽が見られる。

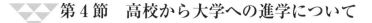

第4節　高校から大学への進学について

　高等教育段階への進学に関しては、12年生時に国家高校修了試験（national completion examination以下、G12試験）を受け、図1に示すように高校修了証書を取得する必要がある。G12試験は2日間に渡り、MOEYSが試験問題の作成、実施、採点にあたり、全国統一テストという性格を持つ。試験は、全国200か所の高校が試験会場となる。試験監督には、試験会場となった高校以外から派遣される高校教師があたる（Maeda 2019, 3-4）。G12試験における評価方法は、A（90％以上）、B、C、D、Eレベルに分かれており、AからEは合格となるが、Fは不合格である。高校修了証書にはこの成績が記載される。2015年83,341人の受験生のうち0.1％にあたる108人のみがA評価であった（ibid, 4）。Bは全体の1.3％、Cは4.0％、Dは7.3％、Eは43.2％となり、残りの44.2％は不合格であった。合格者は大学入学試験を受験することができる資格が得られるだけでなく、G12試験において高成績を収めた者は大学において奨学金を受給することができる。他方、不合格となった者は来年以降、再チャレンジする道が残されている。このようにG12試験は受験生の将来を左右する重要な試験であるがゆえに、カンニングなどの不正へと手を伸ばす受験生の実態は社会問題化している。このような背景を踏まえて2014年、試験における不正行為を防ぐ政策（anti-cheating policy）が実施され、同年のG12試験合格率は25.72％に留まった[2]。2013年の合格率が87％であったことを踏まえると、非常に低い数値であることが分かる。教育大臣ハン・チュ

図1. カンボジアにおける高校修了証書

カンボジア王国
国家　宗教　王

教育省
中等学校教育局
発行番号

高　校　修　了　証　書

教育省中等学校教育局は以下のことを証します。

氏名　　　　　　　　　性別
生年月日
出生地
父親の氏名
母親の氏名

上記の者は以下の成績を収めたことを証します。

国家高校修了試験受験日
試験会場
教室番号　　　　　　　座席番号
全体評価　　　　　　　個人ランキング

教科別成績（A から F 評価）

	地球環境科学	外国語
数学	物理	化学
生物	クメール語	地理
歴史	道徳・公民	保健
ICT	体育	家庭科

上記のとおり相違ないことを証明する。

教育省中等学校教育局　局長

年　　　月　　　日

オン・ナロン（Hang Chuon Naron）は、不正行為を是正する本政策を含めた教育改革を今後も継続したいとしている。

第5節　日本語教育・日本語学校

　内戦後、日本語教育が始まったのは1993年であり、王立プノンペン大学に青年海外協力隊（JOCV）の日本語教師が派遣された。1995年になると、カンボジア最大の観光地シアム・リアプに日本語教室と図書館を併設した「一二三日本語教室」が設立された[3]。鬼一二三が学校長を務める日本語教室は当初、観光業に携わる人材の育成、日系NGO、企業等への就職の支援が主であったが、近年は日本留学への準備、カンボジア人日本語教師の養成などにも関わっている。週5日、朝5時から夜22時まで運営しており、入門レベルから上級レベル（ビジネス商談）までを対象とした幅広いカリキュラムに特徴がある。日本語ガイド研修、日本語能力試験対策、スピーチコンテスト出場者のための短期集中コースなども随時開講している。

　近年、日本企業の進出が急増し、日本語の運用能力を持った人材の需要が急激に高まっており、日本語人材の育成はますます期待されている。国際交流基金によると、2015年現在、カンボジアにおいて日本語学習を行う教育機関は29校、教師157名、学習者数はおよそ4,000人である[4]。

◆◆◆ おわりに

　以上を踏まえ、近年のカンボジア教育の特徴は以下3点にまとめることができる。第一の特徴は、SDGs4にも見られるように、経済的、言語的、民族的マイノリティを国民教育の枠組みに取り込み、インクルーシブな教育実践を展開しようとする点にある。第二の特徴は、ICT教育、外国語教育、日本語教育といったプラクティカルな分野が重視されるようになってきている点である。2030年までに中所得国入りを目指している同国の国家成長戦略と密接に関わっている。第三の特徴は、高校から大学への進学競争が厳しさを増すなかでカンニングなど不正行為が顕在化している点にある。前述の国家成長戦略ともかかわって超スマート社会（scoeity5.0）へと社会が変化する今日、確かな学力を備えた大学卒業者は重宝される傾向にある。こうした社会的なプレッシャーがもたらす教育汚職、不正行為などにどのように対処していくのか今後の課題である。

【注】

1）2019 年 2 月 18 日ポイ・ペト市内アップル国際学校および 2019 年 2 月 20 日ポル・ポト市教育局での聞き取り調査から。
2）2014 年に実施された anti-cheating policy については以下を参照。https://www. phnompenhpost.com/post-weekend/three-quarters-students-receive-failing-mark 終（最終閲覧日 2020 年 5 月 30 日）
3）一二三日本語教室の詳細は以下。http://ijci.info（最終閲覧日2020年5月30日）
4）カンボジアにおける日本語教育の変遷については以下に詳しい。https://www. phnompenhpost.com/post-weekend/three-quarters-students-receive-failing-mark （最終閲覧日 2020 年 5 月 30 日）

【引用・参考文献】

1. Maeda, M. Exam cheating among Cambodian students: when, how, and why it happens. *Compare: A Journal of Comparative and International Education*, 2019, 1-19.
2. MOEYS. *Policy for Curriculum Development 2005-2009*. 2005, Phnom Penh: MOEYS.
   ————. *Curriculum Framework of General Education and Technical Education 2015*. Phnom Penh: MOEYS.
   ————. *Education Strategic Plan 2019-2023*. 2019, Phnom Penh: MOEYS.
3. UNICEF. *Independent Evaluation of the Multilingual Education National Action Plan in Cambodia*. 2019, Phnom Penh.
4. 羽谷沙織 & 森下稔「タイ＝カンボジア越境を移動する子どもたちと国境を越えた教育機会」『比較教育学研究』、第 60 号、2020 年、128-147 頁。
5. 羽谷沙織「ヘン・サムリン政権下カンボジアにおける教育改革と教科書にみる国家像」立命館大学国際関係学部紀要『立命館国際研究』23 巻 3 号、2010 年、137-158 頁。
6. 前田美子「カンボジアの教育セクターにおける不正行為―教員の自分史による調査から―」第 23 回国際開発学会全国大会報告論文集、2012 年、151-154。
7. 山田裕史「変革を迫られる人民党一党支配体制」アジア経済研究所『アジ研ワールド・トレンド』219 号、2014 年、4-7 頁。

8 ラオス

グローバル化がもたらす地域間格差の広がり

山の麓にポツンと建つ学校（筆者撮影）

山の中の学校に裸足で通うモンの子どもたち（筆者撮影）

はじめに

　ラオスは、東南アジアに位置する内陸国であり、19世紀の終わりから20世紀の半ばまでフランスの統治を受けた歴史を持つ。当時フランスは内陸の小国であるラオスの開発を重視せず、教育分野の整備を行わなかったうえ、ラオス国内が独立後も内戦に見舞われたため、教育分野の整備は立ち遅れ、海外からの支援を受けながら教育システムを整えてきた。一方で近年の経済は上向き傾向で、一人当たりの国内総生産（2019）は約2,654ドルであり実質GDPの成長率は5.50％である（Lao Statistics Bureau）。

　かつては農業が中心であったが、現在は電力産業、鉱業、外資中心の金融機関や情報通信サービスが進んでおり産業構造に大きな変化がみられている。

第1節　教育制度の概要

1.　ラオス教育制度の概要

　現在のラオスの教育は、就学前教育（1年または3年）、初等教育（5年）、前期中等教育（4年）、後期中等教育（3年）、技術・職業教育（教員養成を含む）および高等教育で構成されている。高等教育の就学年数は専門性によって2年から6年までの幅がある。

　各段階における純就学率（2018）は就学前教育が46.46％、初等教育が91.47％、前期中等教育が60.01％である。高等教育については、総就学率（2018）が16.97％となっており（UNESCO Institute for Statistic）、教育レベルが上がるにつれて就学率

表1. ラオスの教育制度

教育制度度	呼称	就学年齢（歳）
就学前教育	幼稚園	3～5
	準備学級（Grade 0）	5
初等教育	小学校	6～10
前期中育	中学校	11～14
後期中育	高等学校	15～18
高等教育	大学、教員養成学校など	18～

出所：教育スポーツ省からの情報をもとに筆者作成

は下がっていることが分かる。

2. 近年の教育制度の特徴

　就学前教育は最も顕著に教育格差が表れる教育段階といえる。通常、都市部では3年間幼稚園に通うことが通常であるが、山岳地帯の農村では予算不足から幼稚園を持たない村さえ存在していた。しかしそのような村で小学校に進学した少数民族の子どものラオス語力が低く、留年が目立ったため、2006年より就学前教育として1年間の準備学級が導入され、少数民族の子どもたちが、ラオス語を勉強することを奨励されるようになった。

　初等教育に関しては、1990年に「万人のための教育世界会議」に参加し、海外支援を継続的に受けるようになって以来、量的拡大を成し遂げてきたが、未だ学校に行っていない子どもが50,000人以上いると報告されている（UNESCO Institute for Statistics）。このほとんどが少数民族、女子、障害がある子どもである。学校インフラについても問題が山積しており、特に地方では設備・施設・教科書・教材・教員数・授業時間の不足に加えて地方行政職員の能力の不足など深刻な状況を抱えている。

　初等教育に続き、中等教育も量的拡大を遂げている。かつて

中等教育の就学期間は、前期中等教育(3年)と後期中等教育(3年)であったが、この年数では初等教育(5年)と合わせても高等教育入学以前の教育年数(11年間)が国際基準(12年間)を満たさないため、2009年に前期中等教育を4年間に増やした経緯がある。また2015年に義務教育を前期中等教育にまで拡大したことから、校舎建設や教員養成などのニーズが広がっている。

　高等教育についても目まぐるしい発展を遂げている。ラオスではかつて若者を旧社会主義国に派遣する形で高等教育を提供していたため、教育制度の整備が立ち遅れていた。高等教育の整備が計画されたのは、1992年のことである。現在、国立大学はラオス国立大学、健康科学大学および地方の3大学(ルアンパバン、サワナケート、チャンパサック)の計5校であり、その他に12校の国立カレッジ(高等専門学校)や約60校の私立大学が創立されている。前期中等教育の義務化に伴い高等教育を受ける人口が増加している反面、キャパシティが追いついていないのが現状である。

第2節　英語教育

1. 近年の英語教育に対する期待

　ラオスでは首都でさえ、英語を自由に操れる成人層が限定されている。その理由は、英語が必修化されたのが近年(2015年)であること、過去の主な留学先がロシアや東ヨーロッパなどの社会主義国に偏っていたためである。教育スポーツ省の管理職レベルでも、留学経験国の言語(ロシア語など)を話せるが、英語でコミュニケーションを取ることが難しい。

　しかし、アセアン経済共同体設立（2015）を機会に、英語教育を拡充する動きが出てきている。また近年英語圏や非英語圏（日本など）の大学の英語コースで学位を取得する若年層が増え、彼らが国造りの発展を担う重要な役割を果たしていることもあり、英語教育は大きな注目を集めている。

2.　初等教育における英語教科書

　英語の教科書は2015年に小学校3年生以上の児童に英語教育が必修化された後に作成されることになった。ただし教科書が一斉に出版されたわけではなく、2016年にEnglish For Lao Primary School（3年生用）、2018年に5年生用、そして2019年に4年生用というように徐々に出版された。

　教科書を作成しているのは国立教育科学研究所や教育スポーツ省の職員、国立大学や中等教育学校の教員で、国際NGOのSave the Childrenからも支援を受けている。3年生用の教科書ではアルファベットの書き方が主で、書き込みながらアルファベットや単語を覚えたり、単語と絵や写真を線でつなげたりして能動的に学習できる仕組みとなっている。4年生では単語が増えるとともに、数え方、教室内での会話、自己紹介の方法など実践的な内容にステップアップし、単語の並び替え、パズル、ビンゴ、ラオス語と英語を線で結ぶクイズなど、様々なアクティビティが工夫されている。5年生では難度が高くなり、カレンダーをもとにした会話、病院でのやり取り、家の中の家具の配置など実践的な英語の文章が紹介されている。

　いずれの教科書も印象的なのは、挿絵や写真がカラーで示されており、子どもの関心を惹きやすいことである。また、海外の英

語教科書をそのまま導入したものではなく、ラオスの文化のコンテキスト（食事、行事、衣装）に基づいて作成されているため、なじみやすいことである。アクティビティも多く設定されており、能動的な学習を期待することができる。

3. 英語教育の今後の課題

　英語教育の現状は首都と地方では状況が異なる。まず、首都であっても英語を流暢に話せる教員は少ない。私立の学校では英語圏への留学経験者が教鞭を取ることも珍しくないが、子どもの英語会話能力は低く、英語が必修化された効果はまだ顕著にみられていない。

　次に、地方では中心地と農村で大きな差がみられる。まず、ある県の中心地の公立小学校では、英語、フランス語を含む科目が教えられていた。教員がフランス語も英語も話すことが可能なため、子どもの会話能力も高かった。しかし、中心地から山を越え60kmほど進んだ農村の学校では事態は異なる。農村でも英語教育が始まっているが、英語を話せる教員は農村への赴任を避けたがるため、英語が分からない校長先生や担任の教師が教えていた。校長によると、アルファベットはかろうじて分かるので、自分が分かる範囲で教えており、全ての内容を教えることはできていないという。このような地方格差が教育の質に大きな影響を与えている。

第3節　道徳教育

1.　道徳教育の位置づけ

　ラオスの道徳教育は現在、大きな転機を迎えている。1975年に社会主義国家として成立した時は、愛国心育成のための教育がモットーとなり、国民育成や国民統合の手段として道徳が教えられていた（矢野　2011）。

　その後1980年代半ばにソ連が崩壊し、1986年に市場経済への移行が始まると、教育目標の中に「社会主義」という言葉がなくなり、道徳が科目として姿を消した。続いて「私たちの身の回り」という社会と理科の合科教育が設定され、道徳を引き継いだ。しかし2000年に入り、海外文化の影響が過度に流入すると、再び愛国心が強く社会主義の意識を持つラオス国民を作り上げることが強調され、2008年に道徳が復活した。以降、道徳と「私たちの身の回り」は1冊の教科書にまとめられて教えられていた。

　しかしながら、最近、再び教科書が改訂されることになり、「私たちの身の回り」は「科学と環境」に名称変更され、道徳とは別の教科書として発行されることになった。この教科書はAusAID（オーストラリア開発庁）やEUの支援を受けて、小学校1年生から順に改訂されており、2019年9月に1年生の教科書が出版されたところである。

2.　新調された教科書

　現在の教科書は挿絵のサイズが大きく絵柄も豊富で全てがカラー印刷されており、読みやすさや見やすさに工夫がなされている。

新しい1年生の教科書は30単元で構成されており、以前の教科書（12単元）から大幅に学習内容が増えている。内容としては、以前は学校や家庭での態度が中心であったが、それらに加えて交通機関（バス）、公園、病院で守るべきマナー、町で困った人を助けることの大切さなどが含まれているうえ、挿絵には車椅子に乗った子ども、少数民族の衣装の家族など、多様な背景を持つ人々が登場することが特徴である。

　2年生では、時間を守る、年下の子どものモデルとなる、公園をきれいにするなど日頃の振る舞いを挿絵で説明している。3年生となると歴史的な内容（ラオスの英雄）、グローバル教育の基礎（他国との協力、外国人への礼儀）などが増え、4年生では社会で取るべき態度（節約、恩返し、協働、感謝）などに焦点が置かれている。5年生では地域愛、環境とのかかわり、国連の知識など広範囲にわたった内容が教えられている（乾 2013）。

▼ 第4節　高校から大学への進学

1．大学受験への道のりと入学後の評価

　高校での試験は月ごとに実施される月例テストと学期末試験、年度末に実施される進級テストの2種類に分かれる。テストは通常10点満点であり、成績表にはその平均が10段階（絶対評価）で示され、5以下は不合格とされる。高校の典型的な成績表は表2の通りである。

　生徒は良い成績を取って大学進学するために、教員が主催する塾や大学教員が開講する塾に通うことが通常である。都市部には塾があり、そこで現役教員、退職教員が特定の教科を教え

表2. 高校1年生の成績表

科目	前期	後期	通年
ラオス語	7	7	7
数学	7	7	7
公民	7	8	7.5
物理	7	9	8
科学	6	7	6.5
生物	7	8	7.5
地理	9	9	9
歴史	7	7	7
外国語	9	7	8
体育	8	8	8
コンピューター	7	7	7
平均	7.36	7.64	7.50

出所：高校生の保護者提供

ている。ラオスでは教員給与が少ないため副業は公然と認められており、教員が高校の放課後に授業料を取って生徒に勉強を教えることが容認されている。大学教員が高校生に受験対策講座をする塾もあり、受験直前には地方の裕福な学生が首都に来て特訓を受ける。

　進学先として最も高く意識するのは、国立大学である。国立大学の入試に合格しなかった場合は、自然と私立大学に切り替えていく流れとなる。その理由は、国立大学の方が学費が安いためである。

2. 国立大学への入試

　ラオス国立大学には、割り当て枠（quota）と非割り当て枠（non-quota）がある。まず、割当て枠は、教育スポーツ省が各県に割り当てた枠である。割り当て枠は、担任の教員が生徒の3年生の成績から判断して、卒業直前に推薦する生徒を決める。割当て枠に推薦される生徒は、高校生3年生時の平均成績が高い

こと（10点中7点以上）で模範生（学校の諸活動において積極的に貢献した生徒、クラスの代表など）であることが条件である。割り当て枠には入学試験と授業料（年間約US150ドル）が免除され、非割り当て枠には入学試験と登録料（入学手数料：年間約US25ドル）および授業料が課せられる。

　かつて、割り当て枠による学生数は全学生数の約50%、非割り当て枠が約20%であった（廣里 2012）。廣里によると、割り当て枠の本来の目的は、地方の各県より推薦を受けた貧困家庭や少数民族の優秀な学生を担保すべき制度であったが、実際は地方政治家、行政官、富裕層の子弟、地方に籍を置く中間層子弟がこの割当枠を利用しており、実際は目的通りに機能していなかった。そのため現在は割り当て枠を減らしている。筆者のラオスでの聞き取りによると、2018年度はルアンパバン県で3,900人が高校を卒業したが、そのうち割当枠を得た生徒は46人のみであった。

　割り当て枠に入ることができなかった生徒は非割り当て枠を狙い、入学試験を経て大学に入学することになる。学校は6月頃に、割り当て枠に入った学生の名前を掲示により発表するので、名前がなかった場合は自動的に入学試験を受けることとなる。入学試験を受けることとなった場合、8月の入学試験に向けて、6月ごろから試験対策を始める。

　かつて入学試験は各県の高校で入試を受けていた。しかし、現在は生徒が首都ビエンチャンにまで来て試験を受けている。それは2016年に試験問題の漏えいがあり、受験者全員が再受験をすることになったからである。

　なお、ラオス国立大学の場合GPAはA(4.0)からD(1.0)までで評価され（Fもある）、GPAが3.5以上であるとGrade 1として表

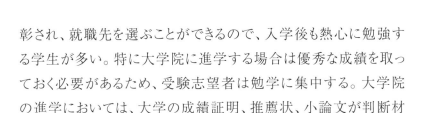
彰され、就職先を選ぶことができるので、入学後も熱心に勉強する学生が多い。特に大学院に進学する場合は優秀な成績を取っておく必要があるため、受験志望者は勉学に集中する。大学院の進学においては、大学の成績証明、推薦状、小論文が判断材料となる。

 ## 第5節　日本語教育・日本語学校

1.　ラオスにおける日本語教育の歴史

　日本語教育の開始は1965年のJICA青年海外協力隊の派遣に遡る。1975年の社会主義政権成立を機に、日本語教育が休止となり、その後約20年間は日本語教育がなされないままであった。しかし1995年に国立大学が創設された時に日本語クラスが開講され、1996年には民間の日本語学校が開設された。2001年には国立大学にラオス日本人材開発センター（以下、LJセンターと記す）日本語コースが、2003年に同大学の文学部に日本語学科が開講され、日本語教育が徐々に拡充され、国際交流基金が日本語教育の専門家を派遣するようになった（国際交流基金、田渕 2008）。

　その後、2004年より毎年在ラオス日本国大使館などが主催するラオス日本語スピーチ大会が開かれたり、2006年よりLJセンターが中心となってにほんご祭が開催されたりするなどして、広く日本語や日本文化の紹介を行っている。また、2007年にはLJセンターを実施機関として日本語能力試験がラオスでも行われるようになり、本格的な日本語教育が始まった。

2. 日本語教育の現状

　近年の日本語教育の変化で特筆すべきことは2つある。まず2010年の中等教育カリキュラム改革によって2015年に中等教育でも一部、日本語教育が開始されたことである。ただし、まだ教科書ができていなかったため、国際交流基金は教育科学研究所にも専門家を派遣して正規版の教科書を作成している。

　次に、国立大学についで2校目となる日本語主専攻コースが中南部のサワナケート県に開設されたことである。

　サワナケート県はメコン川を挟んでタイとの国境に位置しており、ベトナムからミャンマーを結ぶ東西回廊（国際ハイウェイ）の国際拠点となる街である。また経済特別区にも指定され、日系企業をはじめとする外資系企業が進出したために、日本語教育が始まった経緯がある。

　ラオスの日本語教育は民間によっても運営されている。筆者は日本語を流ちょうに話すラオス人に会うと、どこで学習したか尋ねているが、国立大学で勉強した人はまれで、多くが働きながら民間の日本語学校に通っていた経験を持つ。民間の学校は2002年に開校されたチャンパー日本語学校のほかに、てっちゃんネットトレーニングセンターがある。同センターは中等教育で始まった日本語教育を主導するだけではなく、オンラインでも使える日本語・ラオス語辞書を作成するなどしてラオスの日本語教育に大きく貢献している。また首都だけではなく、南部のパクセー県にはラオス日本人材交流教育センターが、北部のルアンパバン県には、さくらラオス日本語センターが開設され、民間ベースで日本語教育を行うなど全国で積極的に展開されている。

◥◣ おわりに

　ラオスでは、アセアン経済共同体の設立、産業構造の変化、交通機関の拡大、国際支援機関からの教育協力など社会の変化に応じて教育制度が変わってきている。特に国際基準に追いつかなければならないという重圧のもと、中等・高等教育の拡充、英語教育の推進などが急スピードで進んでいる。この結果、都市と地方の格差がさらに広がっている状況を懸念する。

　今後は都市と地方の教育機会の是正を行うとともに、国際支援に依存しすぎることなく、国民が主体となった教育改革の実施が求められるだろう。

【引用・参考文献】
1. 乾美紀「ラオスの初等教育における市民性教育の変容―社会主義とグローバル化の狭間で」『比較教育学研究』第 46 号、2013 年、180 ～ 193 頁。
2. 田渕七海子「ラオスにおける日本語教育事情―活動型初中級クラスにおける日本人学生との作文交換活動の実践報告を中心に―」『言語文化と日本語教育』36 号、2008 年、21 ～ 30 頁。
3. 廣里恭史「ラオス―大学入学制度改革と効率性・公平性の問題―」北村友人・杉村美紀共編『激動するアジアの大学改革 ―グローバル人材を育成するために』上智大学新書、2012 年、165 ～ 181 頁。
4. 矢野順子「国家建設過程における理想的国民像の変化―道徳教科書の分析を中心に」山田紀彦編『ラオスにおける国家国民建設』アジア経済研究所、2011 年、143 ～ 192 頁

【参考ウェブサイト（すべて 2019 年 9 月最終閲覧）】

1. 国際交流基金　HP
   https://www.jpf.go.jp/j/project/japanese/teach/dispatch/voice/voice/
   tounan_asia/laos/2018/index.html
2. チャンパ日本語学校　http://jalpal.net/champa/
3. てっちゃんネット http://tetchan.net/home/index.html
4. ラオス日本人材交流教育センター https://laos-japan-school.com/
5. Lao Statistics Bureau　https://www.lsb.gov.la/lo/#.XYlxQvZuJdg
6. UNESCO Institute for Statistic　http://uis.unesco.org/

9 ミャンマー

未来に向けた改革の教訓

小学校で学ぶ子どもたち（筆者撮影）

教科書の内容を懸命に暗記する子どもたち（筆者撮影）

▼▼▼ はじめに

　ミャンマーは、中国とインドという二つの大国の狭間に位置し、また、ラオス、タイ、インド、バングラデシュと国境を接しており、地理的・経済的な戦略的ハブである。2011年の民主化以降、ミャンマー政府は教育改革に精力的に取り組んできた。2012年に初等教育（Basic Education Primary School）は無償義務教育となり、2013から2014年にかけて前期中等教育（Basic Education Middle School）、後期中等教育（Basic Education High School）も無償化された。時を同じくして、2014年には「国家教育法」が制定（2015年に一部改定）され、2016年に従来の5-4-2制から5-4-3制へと学校体系が改められた。また、2018年にはGDPに占める教育予算の割合が5.4％（2011年）から9.41％と2倍弱に急増し（UNICEF 2018）、本格的な教育改革が進みつつある。

▼▼▼ 第1節　教育制度

　ミャンマーでは、カリキュラムや評価を含む包括的な教育改革が進行している。新しい学校体系を示したものが図1である。
　基礎教育は、1年間の就学前教育と5年間の初等教育、4年間の前期中等教育、3年間の後期中等教育からなる。子どもは5歳から基礎教育の準備段階である幼稚園に通う。就学前教育段階と初等教育段階は無償かつ義務教育である。前期中等教育段階、後期中等教育段階は無償ではあるが、義務教育ではな

図1. ミャンマーの学校系統図

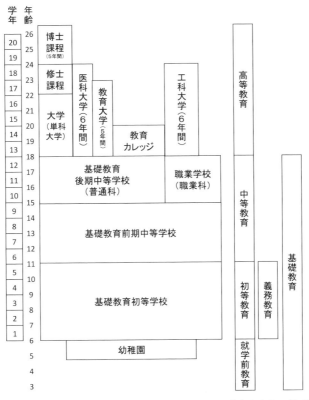

出所：文部科学省『世界の学校体系』（ぎょうせい、2017年）をもとに筆者作成

い（MoE 2012）。なお、ミャンマーの前期中等学校は、初等学校を併設しており、後期中等教育学校は初等学校と前期中等学校をを併設している。

　ミャンマーの基礎教育は4つの教育段階ごとに教育課程が編成されている。初等教育段階の筆頭目標は「年齢相応に全てにおいて調和のとれた発達、すなわち知性ならびに身体、社会的、道徳的、感情的、芸術的な発達を促す」である（MoE Curriculum Framework 2015）。カリキュラムは、10の学習領域（ミャンマー語、英語、算数、理科総合、社会、体育、ライフスキル、芸術、道徳・公民、地方裁量カリキュラム）から構成される。地方裁量カリキュラムでは、地方や学校のニーズに応じた内容が設定され、その内容の承認も地方に委ねられている。授業は、年間36週、1日あたり第1〜3学年（低学年）は7時限、第4〜5学年（高学年）は8時限であり、1時限は40分である。年間の授業時間数は、低学年840時間、高学年960時間である（MoE Curriculum Framework 2015）。

　前期中等教育段階の学習領域は、初等教育と同様であるが、社会科が、社会科（地理）、社会科（歴史）の2科目に分かれたり、前期中等教育課程では「21世紀スキル」を教科横断的に取り上げることが明記されたり、地方裁量カリキュラムでは初等教育段階のミャンマーの各地方の紹介といった初歩的な内容から一歩踏み込んで、地方ごとの産業などの内容紹介が含まれたりしている。また、1時限は45分、1日8時限と学習時間が延び、年36週の授業時間数は1,080時間である。

　現行の後期中等教育の教育課程は、8つの「系列」から構成されている。それらは、理系、文系、6つの理系と文系の教科を組合わせた文理総合系列である。ミャンマー語、英語、数学の3教科は必修であり、それに加えて8つの系列から1系列を選択する。8系列は、理系（化学、物理、生物）、文系（地理、歴史、経済）、文理総合1（化学、物理、経済）、文理総合2（地理、歴史、選択ミャンマー語）、文理総合3（化学、物理、地理）、文理総合4（歴史、経済、選択ミャンマー語）、文理総合5（化学、物理、歴史）、文理総合6（化学、物理、選択ミャンマー語）である。生徒は、将来の進路に

関連する系列を選択する。たとえば、医科大学の進学を目指す場合、理系科目（化学、物理、生物）を選択する。授業時間数は前期中等教育段階と同じである。なお、選択ミャンマー語とは「Seit Kyeik Myanmarsar」と呼ばれる科目で、ミャンマー文学、とくに、詩を書いたり、分析的に読んだりといった内容からなる。高度な内容であるため批判も多く、後述するマトリキュレーション試験（2019年度）では3名の生徒が受験するにとどまっている。

　教育課程と関連して特筆すべきは、教科書の表記言語が前期中等教育段階と後期中等教育段階で異なることである。初等教育段階と前期中等教育段階では、英語の教科書を除く全ての教科・科目の教科書はミャンマー語で記述されている。しかしながら、後期中等教育段階の教科書は、必修のミャンマー語と文系科目（地理、歴史、経済）はミャンマー語で記述されているが、必修の英語、数学ならびに理系科目（化学、物理、生物）は英語で記述されている。そのため、前期中等教育段階から後期中等教育段階へ進学した際に、とくに理系を選択した生徒は、教科書の表記言語の変化から混乱したり、ストレスを抱えたりする。なお、2020〜2021年に、新しい後期中等教育段階の教育課程が実施されることになっているが、内容に大きな変化はない。

1．教育評価

　基礎教育課程における児童・生徒の学習評価は、絶対評価を用いて、次の4つのレベル・形態で行われている。すなわち(1)学級レベル、(2)学校レベル、(3)教育段階修了時、(4)全国レベル、である。また、初等教育段階では形成的評価、中等教育段階では生徒の強みと弱みを把握するための形成的評価と教育課程

修了時点での生徒の学習成果を測るための総括的評価が行われている。

　学校レベルで行われる評価は進級判定のための評価である。また、児童・生徒は、初等教育段階は郡（township）または県（district）レベル、前期中等教育段階はビルマ民族が多く居住する管区域（region）または少数民族が多く居住する州（state）レベル、後期中等教育段階は中央レベルの試験で評価される。これらの各試験の成績を総合して修了判定がなされる。また、1、2年おきに全国レベルの学力試験により、第3学年、第7学年、第11学年の児童・生徒の学習成果の測定が行われている（MoE Curriculum Framework 2015）。

　旧制度の下では、児童・生徒は、年5回の単元修了時（chapter end）試験、年1回の中間試験と期末試験を受験してきた。これらの試験では、教育課程に盛り込まれた客観的概念が問われ、他者との協働といった非認知スキルは問われない。そのため授業は客観的概念の伝達に終始し、児童・生徒は試験直前にひたすら暗記することが常態化していた。また、後述するように大学入学者選抜には、後期中等教育段階の一斉卒業試験であり大学入学資格試験でもあるマトリキュレーション試験（以下、M試験と略記）のスコアが用いられてきた。そのため、保護者が自らの子弟を銘柄大学に入学させたい場合は、学校教員による個別指導を受けるという状況が生まれていた。

2. 教員と学習指導の実際

　ミャンマーでは伝統的に、教員は全国民の人生におけるかけがえのない恩人と見なされてきた。仏教の下で、人々は、教員を

仏、法（ダルマ）、僧、父母と同じ役割を果たすと位置づけてきた。したがって、社会は、教員に児童・生徒の手本たることを強く期待し、また、教員は、児童・生徒を善き人間として育てることに全面的な責任を負った。こうした文化の下で、児童・生徒は、父母や教員に教え導かれ、結果的に、自律性や「問う力」、思考力を削がれてきた。また、教員は政策的な要請と実際の指導の板挟みに陥っている。たとえば、2000年代から導入されている「子ども中心のアプローチ」（Lall 2010）には、十分な授業時間と施設・設備が必要である。他方で、過密な教育課程を消化し、先述の複数の試験を実施し、かつ「全員合格」させることが求められてきた。「全員合格」とする試験運用は児童・生徒が自らの失敗で落ち込むことを防ぐためとされている。言い換えれば、児童・生徒が継続的に就学するよう励ますことをねらっているとされる。その結果、客観的概念を問う試験、それらを伝達するだけの授業が蔓延し、児童・生徒の創造性や批判的思考力は摘み取られてきたのである。

　また、教員養成校は、十分な教員数を輩出できておらず、現職研修に大きく依存している。しかしながら、いくつか実施されているカスケード方式の研修、つまり、段をなす小さな滝を水が下方に流れるように、研修の成果を次々と伝える方式は断続的で、非効率、非効果的なものとなっている。教員の質の向上は、ミャンマーの教育の発展にとって大きな課題である。

3．高等教育

　ミャンマーの大学・カレッジ一覧（MoE NESP 2016-2021）によると、2016年時点で、171の大学、単科大学（degree college）、

短期大学がある。全て国立であるが、全てが教育省の所管ではなく、防衛大学は国防省、医科大学は健康・スポーツ省の所管である。

　英語を主たる教授言語とする高等教育段階では、先述の教科書の表記言語の問題がより先鋭化する。たとえば、歴史を専攻する学生は、ミャンマーの歴史を英語で学ぶことになる。また、基礎教育段階における暗記中心の授業の影響から、創造力や批判的思考、思考の深まりは見られない。

　ミャンマーの高等教育は、1988年から2018年にかけて量的拡大を遂げたが、質的な課題を抱えている（Win 2015）。教育予算が限られているため、急増した高等教育機関では、先進的な施設設備や質の高い教職員の確保が十分に出来ていない。今日、教育省は「新しく、近代的で、発展した、規律のある民主的国家建設に必要な資格を満たした人材を輩出する」ことをビジョンとして掲げて、高等教育の質と水準の向上に注力している（NESP 2016-2021 188頁）。

▼▼▼ 第2節　外国語教育

　開放的な経済政策により、今日のミャンマーにおいて外国語教育は、これまでになく人気を集めている。多くの保護者や生徒は、英語運用能力は高等教育段階での学修とグローバルなネットワークへのアクセスに不可欠であると認識している。英語は基礎教育課程における唯一の外国語であり、必修教科である。

　英語教育の目的は、初等教育段階では4技能（聞く、話す、読む、書く）の基礎を固めること。前期中等教育段階では4技能の基礎

を発展させ、社会的関係やさらなる学習に応用すること。そして、後期中等教育段階では、高等教育段階での学修や後期中等教育段階での職業教育に必要な知識、技能、態度を身に付けること、である（MoE Curriculum Framwork 2015）。英語の授業時数は、初等教育段階では72〜120時間、前期、後期の中等教育段階では162時間が割り当てられている。

　高等教育段階では、学生は様々な外国語を学修することができる。トップクラスのヤンゴン外国語大学やマンダレー外国語大学では、中国語、英語、フランス語、ドイツ語、日本語、韓国語、ロシア語、タイ語の学士課程、修士課程が提供されている。中国語、韓国語は博士課程も開設されている。また、これらの大学では外国語学習を志す有職者（社会人）をターゲットとして、朝夕に開講するディプロマ課程も提供している。その他、通訳・翻訳を専門とするコースもある（YUFLウェブサイト）。

▼ 第3節　道徳教育

　ミャンマーの道徳教育は「道徳・公民」として公民教育と一体であり、善い習慣、善い人間としての誠実さや無私無欲、奉仕、善き市民になる、といった内容から構成される（MoE Curriculum Framwork 2015）。

　初等教育、前期中等教育における道徳・公民の目的は「善き市民の特徴と考えられる基礎的な知識・技能・態度、美的価値の鑑賞力、立ち居振る舞いを涵養すること」である。後期中等教育段階の目的をみると「民主的な実践や公民としての立ち居振る舞いを支える基礎的な知識・技能・態度、美的価値の鑑賞力、立

ち居振る舞いを涵養すること」と善き市民の特徴が、より具体的に盛り込まれている（MoE Curriculum Framwork 2015）。

　道徳・公民には、（1）倫理（2）権利と義務（3）規律（4）平和と共生という4つの大きなテーマがあり、これらは、自己、他者、集団や社会、自然と万物、人間、善き市民としての諸価値、誠実さ、尊重、権利、善い振る舞い、責任へと拡張する。また、児童・生徒は、ミャンマーの文化ではいかなる振る舞いが善いことかを教えられる。たとえば、両親や教員といった年配を敬うことは善いこととして教えられる。その他に、善き人間としての「べし・べからず」を教えるために、他者をケアすること、誠実さ、無私無欲、身勝手であることの不道徳さ、ボランティアの善さが強調される。加えて「自らの責務を果たす」ことの大切さ、とくに、息子、娘としての義務、父母の義務、教員の義務、善き市民の義務や、責任感、積極的関与、勤勉などが強調される。

　もう一つの主たるテーマは、社会の中で他者と調和しながら生きることである。児童・生徒の団結心を高めることを目的として、様々な国家的なモットーや詩が用いられる。異なる民族の団結こそが、国家の結束や繁栄にとって重要であることが説かれる。平和的な共生と団結への深い理解、認識が望まれている。この他、児童・生徒は自然を愛したり、自然環境を大切にしたりすることを教え込まれる。授業では、たとえば、自然の重要性や美しいさ、環境に優しい生活スタイルが教えられる。

▼▼▼ 第4節　基礎教育から高等教育への進学に かかる教育評価

　高等教育は、多くの児童・生徒にとって手が届かないところにある。第1学年から第10学年の間に行われる試験の合格率は100%であるが、大学入学の鍵を握るM試験になると合格率はぐっと下がる。2019年に行われた同試験の合格率は31.44%であった（MoE ウェブサイト）。また、ほとんどの場合、M試験の総合スコアによって進学できる大学が決まる。全生徒は、出願時に、試験局発行のM試験結果を添付することが求められる。

　図2は、理系の生徒のM試験の結果である。成績表の上部には、生徒の氏名と両親の氏名が記載されており、M試験の実施年月が記載されている。それに続けて、M試験の6科目の試験結果が記載されている。上から順に、ミャンマー語、英語、数学、化学、物理、生物である。それぞれのスコアは、75点、72点、76点、70点、78点、75点である。1科目目と6科目目のスコアのヨコに「D」とアルファベットの表記がある。これは「Distinction（優等）」の意味である。最下段には、ミャンマー語と生物が「優等」であることが明記され、右下に試験局長の署名がなされいる。なお、文系の生徒の場合は、4科目以降は地理、歴史、経済となる。

　6科目の合格最低点は100点満点の40点であり、合格する（後期中等教育を修了する）ためには、600点満点のうち少なくとも240点が必要である。また、数学、化学、物理で80点以上、ミャンマー語、英語、生物、歴史、地理、経済で75点以上を獲得した場合「優等」と評定される。

　こうした試験結果に重きを置いた制度は、試験の合否に拘わら

図 2. M 試験の結果

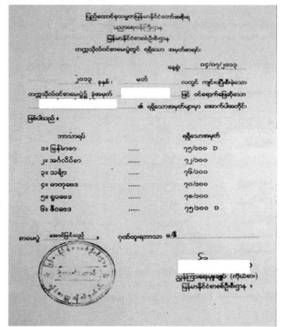

出所：筆者の指導学生より入手

ず、基礎教育から高等教育への移行をめぐって様々な問題を引き起こしてきた。たとえば、高得点を獲得した者のみが、医科大学、工科大学、教育大学などのトップ大学への入学を果たし、得点の低い者の選択肢は多くはないこと。他方で、高得点で多くの選択肢があるにも拘わらず、将来の就職のことを気にかける父母や教員が勧める大学を選択せざる得ないこと、である。

　もう一つ特筆すべきは、ジェンダーの違いにより生じる差である。ミャンマーでは全ての教育段階において男子よりも女子の人数が多い。そのため、M 試験では、女子生徒は男子生徒に比べて倍率が高くなるのである。ほとんどの大学においてジェンダーごとに入学者

数が決められており、女子の入学者数は予め多く設定されている。にも拘わらず、女子生徒は高い倍率をくぐり抜けなければならないのである。たとえば、教育大学に入学する同じ専攻の男子生徒、女子生徒の場合、男子生徒が470点以上に対して、女子生徒は490点以上でなければ入学の可能性がひらかれないのである。

　将来、試験結果に重きを置いた制度から、大学が独自に入学者を選抜する制度へと移行することが計画されている（National Education Amendment Law 2015）。

▼ 第5節　日本語教育

　2012年まで、日本語教育は主としてヤンゴン外国語大学とマンダレー外国語大学で行われていた。ミャンマー・デジタル・ニュース（2019年7月14日付）によれば、ヤンゴン外国語大学で日本語を専攻した学生の8〜9割が卒業後3か月以内に雇用されている。

　2011年に新政権が誕生して以降は、グローバルな経済市場を惹きつけ、日系企業の多くがミャンマー市場への関心を高めてきた。以来、ミャンマーにおいて日本語教育熱は急速に高まっている。たとえば、日本語能力試験の受験者数（国際交流基金調べ）をみると、2012年に約2,500人だった受験者は、2018年には約3万7,000人に急増している。ミャンマーにおける日本語能力試験の受験者数は、中国、韓国、台湾、ヴェトナムに次いで世界第5位である（Nojima 2019）。

　近年、国内の大都市では日本語学校が急増している。これらの日本語学校は登録されていないため正確な数を把握することはできないが、全国400施設、ヤンゴン市内だけでも300校を超え

る。ヤンゴン外国語大学では、国際交流基金の「日本語教員開発プログラム」により質の高い日本語教師の養成が目指されている。また、国際交流基金の様々な催し、取り組みを通して日本の文化も伝えられている（Nojima 2019）。

◆ おわりに

　長年にわたり、ミャンマーの児童・生徒は政府の教育乱用、すなわち「忠誠心、従順な市民というイメージを植え付ける軍事政権のために政治化された仕掛け（Lwin 2000 15-16）」により洗脳されてきた。その結果、10年前に政府が掲げた美しいモットー「教育を通した近代的に発展した国づくり」という教育目的は、現実からかけ離れたものとなった。本章では「知識時代の課題に応答できる学習社会の促進」（MoE 2012)を掲げるミャンマーの教育の軌跡を紹介してきた。このビジョンは、教育への過小投資、過密な教育課程、教育評価と実際の指導の不一致、教員の質と継続的職能開発の重要性の看過など多くの困難に直面している。しかしながら、見方を変えれば、これらの課題は、過去の教訓として、ミャンマーの教育の未来を拓くものでもある。

【引用・参考文献】

1. Lall, M., Child centred learning and teaching approaches in Myanmar. *Yangon, Myanmar: Pyoe Pin.*, 2010. Retrieved from http://marielall.com /wp/wpcontent/uploads/CCA_research_report_by_Marie_Lall1.pdf

2. Lwin, T.,. Education in Burma (1945–2000). Thinking Classroom Foun dation. *Chiang Mai, Thailand, 2000.* Retrieved from http://www. think ingclassroom. org/uploads/4/3/9/0/43900311/lwin_t. _2000. _education_ in_burma_1945-2000. pdf.

3. Ministry of Education (MoE) . *Access to and quality of education: educa tion-for-all in Myanmar.* Yangon: Ministry of Education, 2012

4. Ministry of Education. *Curriculum Framework-2015.*, 2015

5. Ministry of Education. *National Education Strategic Plan (NESP) (2016-2021), 2016*

6. Myanmar Digital News. Yangon University of Foreign Languages. Re trieved from http://www.mdn.gov.mm/en/yangon-universityofforeign-lan guages

7. Nojima, T, A wave of enthusiasm for Japan in Myanmar. Retrieved from https://www.nippon.com/en/japan-topics/c06201/a-wave-of-enthusiasm-for-japan-in-myanmar.html, 2019

8. UNICEF. *Myanmar 2018 Education Budget Brief.* Retrieved from https://www.unicef.org/myanmar/media/1901/file/Myanmar%20 2018%20Education%20Budget%20Brief.pdf

9. Win, P. P. T.. *An overview of higher education reform in Myanmar.* In International Conference on Burma/Myanmar Studies, Burma/Myan mar in Transition: Connectivity, Changes and Challenges, University Ac ademic Service Centre (UNISERV), Chiang Mai University, Thai land 2015, pp. 24-25. Retrieved from http://www.burmalibrary.org/ docs21/Education/Popo-Thaung-Win-2015-An_Overview_of_Higher_Edu cation_Reform_in_Myanmar-en.pdf

10. Yangon University of Foreign Languages website. Retrieved October 15 2019 from https://www.yufl.edu.mm/

あとがき

　東南アジア諸国の教育を専門とする錚々たる執筆陣による本書の締め括りに相応しいあとがきは、筆者には荷が勝ちすぎるという思いはあるものの、各章の内容を横断的に見た際に看取できる類似、差異に注目しながら、若干の比較的考察を書くことで責めを塞ぎたい。

　各章の内容は、巻頭の「監修のことば」にあるように、初等・中等教育段階での外国語教育、道徳教育、大学入試ないし高大接続、日本語教育の4つの柱からなる。また、読者が、各国の学校教育の様子や、4つの柱の内容についてのイメージを膨らませ、理解を深める手がかりとなるよう、各章の章扉の写真が選定され、冒頭では、昨今の学校教育をめぐる動きや、学校体系が紹介されている。以下、この構成を踏まえて、本書に収められた9か国の学校教育を横断的に見てみよう。なお、比較考察の際には、東南アジア諸国の多様性を踏まえた上で、抽象化（abstraction）することになる。また、この抽象化を経た比較考察は、表面的な比較にとどまる可能性は大いにある。たとえば、後述する道徳教育のくだりなどは歴史的な経緯を踏まえれば同じように「教科」であるとは言えない。しかしながら、そう言ってしまうと比較考察はできず、全てが異なる、という結論に帰着する。こうした並置比較の限界を自覚した上で、東南アジアの名の下に収められた全9章を敢えて横断的に見てみようというのが、このあとがきの挑戦である。この挑戦的な比較考察がどの程度成功しているかは、読者諸賢の判断を仰ぐほかないが「あとがき」ということで大目に見ていた

だければとも思う。

　今や当然と思われることではあるが、全9章を通して、各国の教育動態はグローバル化の影響を受けていることが改めて看取できる。それは、各章に盛り込まれた、たとえば、PISA（OECD生徒の学習到達度調査）、大学ランキング、21世紀スキル、グローバル市民、SDGsといったキーワードが、各国の学校教育の大きな方向性を決めているところに端的に示されている。これに関連して、本書の柱の一つである英語教育については、安易な英語至上主義に対して慎重な姿勢を示すインドネシアや、英語を共通語、公用語とするシンガポール、フィリピン、唯一の外国語として位置づけるミャンマーを除いて、外国人教員が指導にあたる特別教育プログラムの開設（タイ）、英語圏の教科書の活用（マレーシア）、ALTの雇用（ベトナム）、越境児童・生徒を惹きつける国境沿いの私学の台頭（カンボジア）が見られ、東南アジア地域全体として英語教育熱の高まりを感じる。他方で、民族語（インドネシア、フィリピン、カンボジア）や、第二外国語（シンガポールは第三言語）も重視されており、東南アジアの多様性を反映した多言語教育の取り組みも特徴の一つであろう。

　道徳教育についても、多言語教育と同様に、東南アジアの多様性を尊重する方向性がほぼ共通して見られる。学校教育では、我が国の「特別の教科 道徳」と同じように、教科として公民教育、市民性教育などが開設されている。ただし、ベトナムでは、社会主義体制や共産党への忠誠、立志出世といった徳目が強調されている。ラオスも、従来、ベトナムと同じ傾向がみられたが、2019年にオーストラリアの支援により新調された教科書「科学と環境」では普遍的な徳目とローカルな徳目の双方が盛り込まれている。

高校から大学への接続（大学入試）は、精緻な試験・評価制度を有するシンガポールは別格として、中等教育修了時点の試験（マレーシア、ベトナム、カンボジア、ミャンマー）と大学入学試験（インドネシア、タイ、フィリピン、ラオス）に大別でき、マレーシアのみ相対評価を採っている。入試形態は、筆記試験だけではなく、高等学校段階の成績が加味される推薦入試（インドネシア）や、日本のAO入試のイメージに近いポートフォリオと口述試験（タイ）など多様化の傾向も一部見られる。試験が重視される国々では、カンニングが社会問題化しているところもある（カンボジア、タイ）。

　最後に日本語教育について見ると、その歴史を戦前に遡ることのできる国（インドネシア、タイ）や国策（ルックイースト政策）を契機とする国（マレーシア）、日系企業の進出（シンガポール）や、それに加えて日本のポップカルチャーの影響を一つの契機とする国（ベトナム）、そして青年海外協力隊の派遣をきっかけとする国（カンボジア、ラオス）がある。国によって、日本語教育のルーツは異なるものの、第二外国語（シンガポールでは第三言語）として位置づけられ、中等学校、大学、そして民間の日本語学校を主たる教場として取り組まれている。外国語ということで言えば、東南アジア諸国における華僑・華人のプレゼンスの高さや、孔子学院の世界的展開が象徴する華語教育の高まりは看過できないものの、近年の「クール・ジャパン」や日系企業の進出、国際教育協力など、日本と東南アジア諸国の交流の歴史が、各国における日本語教育の素地にある。

　以上の比較考察を一口にまとめることは難しいが、東南アジア諸国の学校教育は、元来の多様性、いわばローカルを維持しながら、冒頭で触れたグローバル化に挑んでいる。時代や社会情

勢の変化への機敏な反応、その挑戦的なダイナミズムが、成長の只中にある東南アジア諸国の学校教育を特徴づけている。

　昨年暮れから続く、新型コロナウイルスの感染拡大により、世界中の多くの大学、学校は、同期型または非同期型のオンラインの授業形態を採用して、児童・生徒、学生の学びの機会確保に全力を挙げている。こうした未曾有の事態は、教員の授業形態にとどまらず、より根本的な授業観や危機管理体制をはじめとする大学、学校の経営のあり方などの見直し、改善を迫るものである。各国の大学や学校のオンライン教育はいかに運営され、また、児童・生徒、学生の学びの質はいかに保証されているか、「ポスト・コロナ」の大学教育、学校教育の風景は一変しているであろうか。あとがきを書いている今、事態の終息を祈る強い気持ちと同時に、こうした関心が脳裏を駆け巡る。教育にも不易と流行があるように、東南アジア諸国は、時代や社会情勢の変化に応じた改革施策を精力的かつ柔軟に講じてきた。しかしながら、いつの時代にあっても、どのような社会情勢の下であっても、本書所収の各章に通底する当該国の学校教育の哲学が揺らぐことはない。

　末筆ながら、本シリーズ監修者の大塚豊先生（福山大学副学長）には、編者の力の及ばない各章の細やかな内容についても多くの御助言を頂いた。深く感謝申し上げたい。

　2020 年 晩秋

牧　　貴愛

【索引】

【あ行】

【か行】

【ま行】

【監修者紹介】

大塚　豊（おおつか・ゆたか）
　　　　福山大学大学教育センター教授
　　　　［専攻］　比較教育学
　　　　[主要著作]『現代中国高等教育の成立』玉川大学出版部、1996 年
　　　　　　　　　『中国大学入試研究』東信堂、2007 年
　　　　　　　　　『21 世紀の比較教育学―グローバルとローカルの弁証法』（翻訳）福村出版、2014 年　　ほか

【編著者紹介】

牧　貴愛（まき・たかよし）
　　　　広島大学大学院人間社会科学研究科教育科学専攻国際教育開発プログラム准教授
　　　　［専攻］　比較教育学
　　　　[主要著作]『タイの教師教育改革―現職者のエンパワメント―』広島大学出版会、2012 年
　　　　　　　　　『国際教育開発入門―フィールドの拡がりと深化―』（共編著）学術研究出版、2020 年

【執筆者紹介】（執筆順）

服部美奈（はっとり・みな）・・・・・1章◆インドネシア

名古屋大学大学院教育発達科学研究科教授

［専攻］ 教育人類学、比較教育学

［主要著作］『ムスリマを育てる―インドネシアの女子教育』山川出版社、2015年

『アジアの教員―変貌する役割と専門職への挑戦』（小川佳万と共編著）ジアース教育新社、2012年

『インドネシアの近代女子教育―イスラーム改革運動のなかの女性』勁草書房、2001年

アユ・アズハリヤ（Ayu AZHARIYAH）・・・・・1章◆インドネシア

名古屋大学大学院教育発達学研究科大学院生

［専攻］ 教育人類学、比較教育学

牧　貴愛（まき・たかよし）・・・・・2章◆タイ

（編著者紹介参照）

鴨川明子（かもがわ・あきこ）・・・・・3章◆マレーシア

山梨大学大学院教育学研究科幼小発達教育講座准教授

［専攻］ 比較教育学、マレーシア教育研究

［主要著作］『マレーシア青年期女性の進路形成』東信堂、2008年

『アジアを学ぶ 海外調査研究の手法』（編著）勁草書房、2011年

「マレーシアにおける女子・女性の教育―男女間格差の解消とジェンダー平等という2つの課題をめぐって―」村田翼夫編『東南アジアの教育モデル構築―南南教育協力への適用―』学術研究出版／ブックウェイ、2018年

池田充裕（いけだ・みつひろ）・・・・・4章◆シンガポール

山梨県立大学人間福祉学部教授

［専攻］ 比較教育学

［主要著作］原田信之編著『カリキュラム・マネジメントと授業の質保証―各国の事例の比較から』（担当：7章「シンガポールのカリキュラム・

マネジメントと授業の質保証」）北大路書房、2018 年

田中マリア編著『MINERVA　はじめて学ぶ教職 12 道徳教育』（担当：「第 V 部　価値教育をめぐる諸外国の動向 8 シンガポール」）ミネルヴァ書房、2018 年

関口洋平（せきぐち・ようへい）・・・・・5 章◆ベトナム

畿央大学教育学部現代教育学科講師

［専攻］　比較教育学

［主要著作］『現代ベトナム高等教育の構造：国家の管理と党の領導』東信堂、2019 年

杉本均、南部広孝編『比較教育学原論』（担当：「ベトナムの教育」）協同出版、2019 年

李霞編著『グローバル人材育成と国際バカロレア—アジア諸国の IB 導入実態—』（担当：「ベトナムにおける国際バカロレアの展開」）東信堂、2018 年

市川　誠（いちかわ・まこと）・・・・・6 章◆フィリピン

立教大学文学部教育学科教授

［専攻］　比較教育学

［主要著作］『フィリピンの公教育と宗教』東信堂、1999 年

「カトリック聖職者のフィリピン訪問—養成中の修道者が通う語学学校をてがかりに」栗田和明編『移動と移民—複数社会を結ぶ人びとの動態』昭和堂、2018 年

羽谷沙織（はがい・さおり）・・・・・7 章◆カンボジア

立命館大学国際教育推進機構准教授

［専攻］　比較教育学

［主要著作］羽谷沙織・森下稔（2020）「タイ＝カンボジアを越境する子どもたちと国境を越えた教育機会」『比較教育学研究』第 60 号、pp.128-147

Hagai, S. (2019). Carving out a Space for Alternative Voices through Performing Arts in Contemporary Cambodian Tourism; Transformation, Transgression and Cambodia's first gay dance company. *Journal of Ritsumeikan Social*

Sciences and Humanities, 121, 77-107.

Hagai, S., Kitamura, Y., Khlok, V.R., Brehm, W.C. (2016). "Ideologies inside textbooks: Vietnamization and re-Khmerization of political education in Cambodia during the 1980s." In Jim Williams (Ed.) *(Re)Constructing Memory: School and the Imagination of the Nation*, Vol. 2, 49-73. Rotterdam: Sense Publishing.

乾　美紀（いぬい・みき）‥‥‥8章◆ラオス

兵庫県立大学環境人間学部教授

［専攻］　マイノリティと教育、国際教育協力

［主要著作］「ラオス山岳地帯における少数民族の子どもの就学と自律的な学校運営の試み─3村の比較調査から成功要因を探る─」澤村信英編著『発展途上国の困難な状況にある子どもの教育─難民・障害・貧困をめぐるフィールド研究─』明石書店、2019年

Miki Inui (2019) "Impact of the 'Grade Zero' System on Minority Children in Lao PDR:A Qualitative Study of Pre-primary Schools in a Rural Province", *Education 3-13:International Journal of Primary, Elementary and Early Years Education,* 48(1) pp.118-130.

メイ トゥ チョウ（May Thu Kyaw）‥‥‥9章◆ミャンマー

ラシオ教育カレッジ教育心理学科助講師
College, Myanmar

［専攻］　教育心理学

アジア教育情報シリーズ2巻

東南アジア 編

2021 年 2 月 19 日　初版第 1 刷発行

監修者　大塚　豊

編著者　牧　貴愛

発行者　菊池公男

発行所　株式会社一 藝 社
　　　　〒 160-0014　東京都新宿区内藤町 1-6
　　　　Tel. 03-5312-8890
　　　　Fax. 03-5312-8895
　　　　振替　東京 00180-5-350802
　　　　e-mail:info@ichigeisha.co.jp
　　　　HP：http://www.ichigeisha.co.jp

印刷・製本　モリモト印刷株式会社

　　　　Ⓒ Yutaka　Otsuka
　　　　ISBN978-4-86359-228-5　C3037
　　　　落丁本・乱丁本はお取替えいたします。